The Hindi Shorthand Manual

Anonymous

PREFACE.

Since I qualified myself in Urdu Shorthand in the Lucknow Christian School of Commerce, I always experienced some difficulty in following speakers using a large number of Sanskrit words. Consequently I set about to adapt the Isaac Pitman System of shorthand to the Hindi Language. In the following pages the results of my study and practical experience are laid down and I trust that by going carefully through them a shorthand writer will feel no difficulty in following a speech studded with a large number of Sanskrit words and quotations from Sanskrit Scriptures.

I take this opportunity of expressing my gratitude to Sir Isaac Pitman and Sons, Ltd Bath, England, for their kind permission to let me use their shorthand signs, portions and extracts from their Copy right Text books for the purposes of this book.

All through the book I have kept one object in view *i e*, the students, working on the Pitman system either in English or Urdu, may find it easy to pick up Hindi shorthand with the least possible delay

I have taken the liberty to introduce the views of my dear father Pandit Jwala Pershad Trivedi, that every thing in the world is an evolution of Om and I trust the readers will find them interesting and instructive.

Needless to add that this system has been worked by me for several years and I have not only found it useful but efficient and reliable

AGRA,
18th April 1925. } RADHELAL TRIVEDI

A Note on the System of Hindi Shorthand.

This work is an improvement on the system of Urdu shorthand which suffers from a defective *vernmala* having sometimes several characters for similar sounds in Hindustani—it has got separate characters to represent kha (کھ) kha (خ) ga (گ) gha (غ) ja (ج) za (ز) and again za (ذ) pha (پھ) fa (ف) while there are no characters for some of the most important sounds *e.g.*, sya (स्य) shya (श्य) swa (स्व) shwa (श्व) vaya (वाया) yawa (यव) gya (ज्ञ) ksha (क्ष) mam (मं) which so frequently occur in Hindustani. It has also an *f* hook, although there are only a few words having *f* at their end. The grammalogues, too, in Urdu shorthand, do not contain all the words for which logograms ought to have been provided *e.g.*, there are no logograms for *aiye* (آئے) vyakhyan (ویا کھیان) *Chanda* (چندہ) deputation (ڈیپوٹیشن) khandan (کھاندان) Mandli (منڈلی) Sabhapati (سبھا پتی) honorary (اونریری) volunteer (والنٹیر) lecture (لیکچر) resolution (رزولیوشن) angrez (انگریز) angrezi (انگریزی), etc., although there have been included a number of grammalogues seldom used in speech *e.g.*, fizamanna (فی زمانہ) chande (چندے) madude chand (معدودے چند) janaba (جنابہ) filbadih (فی البدیہہ), etc.

The fourteen fundamental characters of this system represented by the seven *sutras* and their shorthand equivalents (page 11) enable the student at once to master the *vyanjans* of Hindi shorthand This coupled with the knowledge of *swars* (pages 18 and 30) is sufficient to enable any student of ordinary intelligence to write shorthand correctly at the rate of 80 words per minute.

The further chapters on circles, loop, hooks, halving and doubling principles then become an easy study on account of the interest in the subject the student begins to feel on his every day progress and after finishing the chapters on Prefixes, Suffixes, Grammalogues, Contractions and Phraseography he should feel no difficulty in taking down any speech at the rate of 150 words per minute

The grammalogues of this system have been selected from among the words most frequently used in speech and the outlines of which are tedious; so that by memorizing them a student has a great advantage when he has to take down a lecture in vernacular.

The adoption of the *ya* hook instead of the *f* has given simple outlines for a large number of words having *ya* sound at their end.

The elimination of unnecessary characters and the introduction of important ones has enabled the system correctly to record all sounds occurring either in Hindi or Urdu.

Among the most important improvements, not found in Urdu Shorthand and which have contributed to make the outlines of this system more simple and easy than those of the Urdu Shorthand, may be mentioned, the adoption of the Hindi system of teaching ***vyanjans*** and ***swars***, the joining of the diphthongs (pages 30, 31) the joining of the termination ***wat***, the introduction of the triphone and the adoption of the *ya* hook instead of the little used *f* All these improvements and various other devices adopted from the Pitman's system have greatly simplified the study of this system and given it a decidedly higher place than any other rival system either in Hindi or Urdu.

The opinions of a number of competent authorities on Shorthand as well as on the Hindi and Sanskrit Literatures given in the end are enough to prove the great usefulness of this book.

RADHE LAL TRIVEDI,
SHORTHAND REPORTER,
United Provinces Police.

ALLAHABAD.
Dated the 23rd September, 1925.

श्रीब्रह्माक्षर प्रकाश

लेखकः—
राधेलाल त्रिवेदी
पुलिस रिपोर्टर
आगरा

ॐ नमः शिवाय।

कैलास पीठासन मध्य संस्थं
भक्तैः सनंदादि भिरर्च्य मानम्।
भक्तार्त्ति दावानल मप्रमेयं
ध्यायेत् उमालिङ्गित विश्व भूषम्।
ध्यायेन्नित्यं महेशं रजत गिरि निभं
चारु चन्द्रा वतंसं।
रत्ना कल्पो ज्वलांङ्गं परशु मृग वरा-
भीति हस्तं प्रसन्नम्।
पद्मासीनं समंतात्स्थित ममर गणे-
र्व्याघ्र कृत्तिं वसानम्।
विश्वाद्यं विश्व बीजं निखिल भय हरं
पंच वक्रं त्रिनेत्रम्।

यह शिव पार्वती चित्र

का सगुण दर्शन है। देखिये त्रिगुणात्मक ब्रह्म का . 3 संकेत है और O शक्ति का संकेत है।

त्र्यम्बकं यजामहे त्रैलोक्यं पितरं प्रभुम्।
त्रिमंडलस्य पितरं त्रिगुणस्य महेश्वरम्॥
त्रितत्वस्य त्रिवह्नि श्च त्रिधाभूतस्य सर्वदा।
त्रिदिवस्य त्रिबाहोश्च त्रिधाभूतस्य सर्वदा॥
त्रिदेवस्य महादेव सुगंधिं पुष्टि वर्धनम्।
सर्वभूतेषु सर्वत्र त्रिगुणेषु कृतो यथा ॥
त्रिदलं त्रिगुणाकारं त्रिनेत्रञ्च त्रियायुधम्।
त्रिजन्म पाप संहारं बिल्वपत्र शिवार्पणम्॥

शिव पुराण।

उपरोक्त विषय स्पष्ट है। धार्मिक विद्वानों को ज्ञात है। जिन महाशयों को इसमें अविश्वास होवे कृपाकर शिव पुराण तथा अन्य धार्मिक ग्रन्थों का अवलोकन करें। वहां पर यह विषय बड़ी मनोहरता से वर्णन किया गया है।

इसी ओंकार का सगुण ध्यान श्री गोस्वामी तुलसीदास जी इस प्रकार करते हैं:

वामाङ्के च विभाति भूधरसुता देवा पगा मस्तके।
भाले बाल विधुर्गले च गरलं यस्योरसि व्यालराट्।

सोयम् भूति विभूषणः सुर वरः सर्वाधिपः सर्वदा।
शर्वः सर्व मनः शिवः शशि निभः श्री शङ्करः पातु नाम्॥

वाम अङ्ग में जो पार्वती जी की स्थिति है सो उसका कारण चित्र पर विचार करने से स्पष्ट होजायगा क्योंकि सगुण रूप कल्पना करने पर शक्ति का स्वरूप बायें पर आता है। सृष्टि में भी देख लीजिये प्रत्येक योनि के जीवों में स्त्री बायें पर ही बैठती है॥ यही नियम मनुष्य मात्र में प्रचलित है परन्तु इसका कारण खोजने के लिये ॐ का ध्यान अत्यावश्यक है।

सगुण ॐ शिव स्वरूप का प्रथम मन्त्र "ॐ नमः शिवाय" है। यदि ब्रह्माक्षर लेख अथवा शार्ट हेंड में लिखा जावे तो ॐ इस प्रकार लिखा जायगा, कारण कि मन्त्र तो सगुण ब्रह्म का सूचक है और ॐ निर्गुण का, पर बुद्धिमान जानते हैं "निर्गुण सगुण होइ नहिं भेदा" मंत्र और शार्ट हेंड दोनों ॐ से प्रगट हुए हैं। और उसी लिङ्ग ॐ (लयनात् लिङ्ग मित्युक्तम् तत्रैव निखिलं जगत) में लय होजाते हैं।

संसार के बीज स्वरूप शिवा शिव का सूक्ष्म चिन्ह ॅ है*। इसी चिन्ह का दीर्घ रूप ७ है। इन्हीं चिन्हों से समस्त संसार की सामिग्री प्रकट हुई है। वर्णमाला और अंक भी इन्हीं चिन्हों से बने हैं॥

* लिखने की आवश्यक्ता नहीं है कि यही चिन्ह सीताराम को प्रकट करता है। गोस्वामी तुलसीदास जी लिखते हैं:—

एक छत्र (ँ) एक मुकट मणि (ं) सब वर्णन पर जोय।
तुलसी सीताराम के वर्ण बिराजत दोय॥

अर्थात् जैसे मकार और रकार के चिन्ह अक्षरों पर लग जाने से उन

इन्हीं चिन्हों [ᒧ] को अष्ट दिशाओं में लिखने से यह द्वादश रूप सिद्ध होते हैं:—

— \ | /

(१) (२) (३) (४)

◡ ◟ (◜ ◠ ◝) ◞

(५) (६) (७) (८) (९) (१०) (११) (१२)

शेष दो दिशाओं अर्थात् आकाश व पाताल के दो चिन्ह ˙ विन्दु ˘ नाद मिलाकर यह सब चतुर्दश चिन्ह होते हैं।

की शोभा बढ़ा देते हैं उसी प्रकार चारों वर्ण सीताराम के भजन से शोभित हो जाते हैं। पाठक विचारें कि इन्हीं चिन्हों से अङ्क भी बनते हैं। १ जो एक का चिन्ह है इसी सीताराम को इकट्ठा करके लिखा गया है। यही कारण है कि प्राचीन काल से किसी लेख के आरम्भ में ॥१॥ लिखा जाता है यानी सीताराम को इस प्रकार लिख देते हैं: शेष अंक इसी नाद विन्दु से बने हैं: एक का अंक इस प्रकार अर्थात् शून्य ० में एक रकार (जोड़ने से बना। जैसे १ इसी प्रकार दूसरे अंकों में रकार की संख्या एक २ बढ़ती जाती है। अर्थात्—

एक १ में एक (रकार है।

दो २ में दो (रकार हैं।

बुद्धिमानों को स्मरण होगा कि महर्षि पाणिनि ने लिखा है:–

"नृत्यावसाने नटराज राजो ननाद ढक्कां नवपंचवारम्"

अर्थात् शिवजी * ने नृत्य करके (दशों दिशाओं में भ्रमण करके) चतुर्दश सूत्र ध्वनि और उसी के साथ २ ध्वनियों के जन्मस्थान सूचक चतुर्दश चिन्ह उत्पन्न किये और यही चतुर्दश चिन्ह इस ब्रह्माक्षर प्रणाली के आधार हैं। अब डमरू पर विचार कीजिये। यदि बिन्दु से को कंठरूपी डमरू का केन्द्र

तीन ३ में तीन ३ रकार हैं

चार ४ में चार ४ रकार हैं अर्थात् शून्य प्रथक करके चार रकार का ‿ चिन्ह सिद्ध हुआ।

पांच ५ में पांच ५ रकार हैं। अर्थात् चार रकार के चिन्ह ‿ पर एक रकार और लगा देने से ५ पांच का चिन्ह बना।

छै ६ में छै ६ रकार हैं। अर्थात् पांच ५ के चिन्ह के ऊपर एक रकार और जोड़ने से छै का चिन्ह बना।

सात ७ में सात ७ रकार हैं। छै के चिन्ह पर एक और रकार जोड़ने से ऊपर का सिरा बहुत लम्बा हो जाता है इसलिये इस ऊपरी लम्बे भाग के प्रगट करने के लिये सात के अंक में एक लम्बी उर्ध्वगामी रेखा लिख दी जाती है।

आठ ८ में आठ ८ रकार हैं अर्थात् चार रकार के दो चिन्ह ८ इस प्रकार लिख दिये जाते हैं।

नौ ९ में नौ ९ रकार हैं अर्थात् आठ रकार ८ के चिन्ह पर एक रकार और जोड़ दिया जाता है।

* देखो पृष्ठ ७ का दूसरा नोट।

मान कर जिव्हा रूपी डमरू की डोरी को तालू रूपी डमरू के मुख पर भिन्न २ स्थानोंपर रखकर बजाया जाय तो सम्पूर्ण अक्षर प्रगट होंगे। और जन्मस्थानों का चिन्ह खींचने तथा ध्वनि को जन्मस्थान सूचक चिन्ह से प्रगट करने पर इस प्रणाली की लिपि बनजायगी। जैसे कवर्ग में क का जन्मस्थान

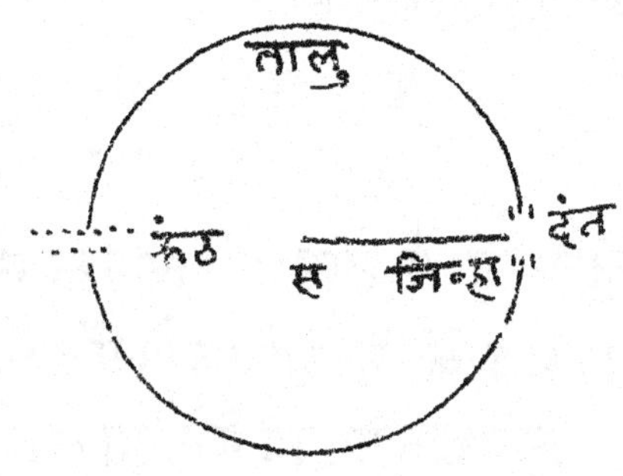

अब यदि नौ के चिन्ह ९ पर एक रकार और जोड़ा जावे तो एक १ का चिन्ह पुनः बनजायगा इसी लिये दश लिखने के लिये १ लिखकर लोप हो जाने वाले ९ अंकों को प्रगट करने के लिये लय सूचक शून्य लिंग को लिख देते हैं। इस लिये ९ तक अंक बने आगे अंकों की सृष्टि नहीं हुई।

यदि अंको को सीधा उल्टा लिखकर विचार किया जाय तो प्रगट होगा कि सब का जोड़ दश ही होता है तथा एक पंक्ति का अंक दूसरे पंक्ति के अंक की कमी बतलाता है जैसे ९ + १ ८ + २ जोड सब का ० यही नाद बिन्दु अथवा शिव शक्ति ही है।

१ ९ = १०
२ ८ = १०
३ ७ = १०
४ ६ = १०
५ ५ = १०
६ ४ = १०
७ ३ = १०
८ २ = १०
९ १ = १०

ॐ इसी शंकर के चिन्ह को अरबी भाषा की वर्णमाला लिखनेवालों ने सबसे पहिले लिखा है और इसी का नाम अलिफ़ बे रक्खा है। ا ب अलिफ़, बे, ب ।

सूचक एक अग्रगामी सीधी लकीर — है क्योंकि क के उच्चारण में श्वास को सीधा मुख से बाहर जाना होगा। कवर्ग के ब्रह्माक्षर इस प्रकार हैं:—

क	ख	ग	घ
—	⊥	—	⊥

चूँकि ग में श्वास अधिक बल से निकलता है इसलिए ग का रूप क से अधिक मोटा है।

इस स्थान पर यह निवेदन करना आवश्यक प्रतीत होता है कि जो नाम पिटमेन साहिब ने इन रूपों को दे दिये हैं वह लगभग सौ बर्ष से संसार में प्रचलित हैं और शार्ट हेंड के विद्यार्थियों के अभ्यास में आ रहे हैं। अतः इस समय पिटमेन साहिब की प्रणाली पर संतोष किया जाता है जिससे पिटमेन सिस्टम पर शार्टहेन्ड लिखने वाले महाशयों को हिन्दी शार्टहेन्ड सीखने में विशेष सुभीता रहे।

———o———

विशेष सूचनायें ॥

(१) रूलदार चिकने कागज़ के ऊपर लेखनी से अभ्यास करना चाहिये निब पुष्ट और लोचदार होना चाहिये ॥

(२) यद्यपि प्रारम्भ में कोई बात छोटी ही क्यों न जान पड़े परन्तु तो भी नियमों का पूरी २ रीति पर पालन करना चाहिये। विद्यार्थी को आरम्भ में गति बढ़ाने का प्रयत्न न करना चाहिये किन्तु अक्षरों को सँभाल २ कर लिखना उचित है ॥

(३) मोटे, पतले, छोटे, बड़े, सीधे, टेढ़े, रेखाक्षरों का बड़ी सावधानी से अभ्यास करना चाहिये ॥

(४) रेखाक्षरों का नाप लगभग $\frac{1}{6}$ इंच के होना चाहिये ॥

(५) प्रति दिवस कोई विशेष समय नियत करके नियम से अभ्यास करना चाहिये क्योंकि इस विद्या की सफलता केवल अभ्यास ही पर निर्भर है ॥

(६) प्रत्येक अभ्यास के आरम्भ में जो नियम दिये गये हैं उनको पहिले भली भाँति समझ कर अभ्यास प्रारम्भ करना चाहिये और अभ्यास हो जाने पर किसी से बुलवाकर श्रुत-लेख (डिक्टेशन) लिखना चाहिये।

(७) इस प्रणाली में ध्वनि के सूक्ष्म भेदों की ओर ध्यान नहीं दिया जाता है। जो शब्द जिस प्रकार सुना जाय और रेखाक्षरों में जो उसका सब से सुगम रूप हो सके उसी को सुगमता से उसी भांति लिख कर पढ़ते समय अथवा हिन्दी लिपि में लाते समय शुद्ध शब्द लिख देना चाहिये। हिन्दी की लिखावट का ध्यान करके रेखाक्षर लिखने की

आवश्यकता नहीं है।

(८) रेखाक्षरों का अभ्यास करते समय हिन्दी नाम मुख से उच्चारण करते जाना चाहिये क्योंकि इस प्रकार अभ्यास करने से याद जल्दी होता है।

(९) नित्य प्रति कुछ समय रेखाक्षर लिपि के लेख पढ़ने में व्यतीत करना चाहिये। ऐसा करने से इस विद्या का बोध शीघ्र हो जाता है।

(१०) विद्यार्थी को उचित है कि इस लिपि का अभ्यास करते समय सुख पूर्वक इस प्रकार बैठे कि उसका दाहिना हाथ भली भांति कार्य्य कर सके।

(११) रेखाक्षरों के सम्बन्ध में विद्यार्थी को आरम्भ से ही प्रयत्न करना चाहिये कि सब रेखाक्षर लग भग एक ही आकार के हों कहीं छोटे और कहीं बड़े न हों क्योंकि आगे जाकर इनके द्विगुण और अर्द्ध रूप व्यवहार में लाए जायेंगे।

(१२) वक्राक्षरों के मोटे रूप लिखने में इस बात का ध्यान रहे कि मोटा वक्राक्षर आदि अन्त में पतला और बीच में मोटा हो क्योंकि सर्वाङ्ग में मोटा बनाने से देखने में भद्दा लगता है जैसे—

इम्प ङ थव स्व रव

(१३) ड़ के अतिरिक्त मोटे रेखाक्षर ऊपर की ओर नहीं लिखे जाते

(१४) इस पुस्तक में जो नियम पतले रेखाक्षरों के लिए दिये गये हैं वही मोटे रेखाक्षरों के लिये भी लागू समझना चाहिये॥

पहिला अध्याय

अभ्यास १ —— पहले रूप।

१	बिन्दु	·
२	नाद	‐
३	क	—
४	च	/
५	ट	(
६	त	|
७	प	\
८	स	)
९	म	⌢
१०	न	⌣
११	य	◟
१२	र	◝
१३	ल	◜
१४	श	◞

इन चिन्हों को इस प्रकार याद रक्खोः—

(१) नाद बिन्दु का चिन्ह ˙ है।
(२) ग क का चिन्ह + है।
(३) ष च का चिन्ह × है।
(४) म न का चिन्ह ○ है।
(५) ह स का चिन्ह ○ है।
(६) य र का चिन्ह ○ है।
(७) ल श का चिन्ह ○ है।

अर्थात् सात मुख्य चिन्ह यह हैंः—

˙ + × ○ ○ ○ ○
(१) (२) (३) (४) (५) (६) (७)

उपरोक्त चिन्हों से इन अक्षरों के आकार विदित होंगे। नाद का आकार व्यवहार में छोटी सी सीधी रेखा से प्रगट किया जाता है। य र ल श के आकार म न ट स से कुछ बड़े हैं। क च त प, म न ट स के आकार प्रत्येक लगभग $\frac{1}{6}$ इञ्च के बराबर होना चाहिये। र के इस रूप को आर कहा जायगा।

अभ्यास २— मोटे रूप।

		पतले मोटे ब्रह्माक्षर।	
१	बिन्दु		
२	नाद		
३	ग	क	ग
४	ज	च	ज
५	ड	ट	ड
६	द	त	द
७	ब	प	ब
८	स्व	स	स्व
९	ड्म्ब, ड्म्प	म	ड्म्प
१०	ङ	न	ङ
११	यव्	य	यव्
१२	आड़	आर्	आड़
१३	लल्	ल	लल्
१४	श्व	श	श्व

स्व, श्व के चिन्ह संस्कृत शब्दों में स्य श्य के लिये भी व्यवहार किये जाते हैं। *लल का चिन्ह प्रायः अधोगामी ही लिखा जाता है। इन पतले मोटे चिन्हों को बार बार लिखकर अच्छी तरह अभ्यास कर लेना चाहिये क्योंकि इस प्रणाली के यही आधार हैं।

बाण दिशा सूचक हैं अर्थात् यह बतलाने के लिये बना दिये गये हैं कि अक्षर लिखने के लिये लेखनी किस ओर को जावेगी।

अभ्यास ३ – ह् मिले हुये अक्षर

१ ख

२ घ

३ छ

४ झ

५ ठ

६ ढ

७ थ

८ ध

९ फ

१० भ

ह् मिलाने के लिये अक्षर को बीच में एक छोटी सी आड़ी रेखा से काट दिया जाता है जैसे क — से ख +

पांच वर्ग।

कु –	क	ख	ग	घ
चु –	च	छ	ज	झ
टु –	ट	ठ	ड	ढ
तु –	त	थ	द	ध
पु –	प	फ	ब	भ

विद्यार्थी को विदित हुआ होगा कि वर्ग का केवल एक ही ब्रह्माक्षर याद कर लेने से सारा वर्ग याद हो जाता है क्योंकि शेष अक्षर तो पहिले ही अक्षर से बनाये जाते हैं।

अभ्यास ५ विशेष अक्षर

र - यह वक्राक्षर और का दूसरा रूप के मध्य को केन्द्र से मिलाता हुआ कल्पना कर लिया गया है। इसका झुकाव ३०° है।

ड़ - र को मोटा करके लिखने से ड़ हो जाता है।

व - इसे र में अंकुश लगाकर बना लिया गया है।

व्य - यदि व का अंकुश दुगना बड़ा बना दिया जावे तो व्य हो जाता है

ह - इसके दो रूप हैं। एक का झुकाव ६०° और दूसरे का ३०° है।

क्ष - इसे क में बड़ा अंकुश लगाकर बना लिया गया है

ज्ञ - इसे ग में बड़ा अंकुश लगाकर बना लिया गया है।

त्र - त पर छोटा अंकुश लगाकर बनाया गया है।

नोट:- क़ ख़ ग़ ज़ ढ़ फ़ ञ ण ष ऋ के लिए क्रमश: क ख ग ज ड फ य न श र लिखे जाते हैं। पढ़ते समय शुद्ध करके पढ़ना चाहिये।

अभ्यास ५ वर्णमाला

अक्षर	अक्षर
अ, ए, इ	त
आ, ऐ, ई	थ
ओ, उ	द
औ, ऊ	ध
क	प
ख	फ
ग	ब
घ	भ
च	य ※
छ	आर
ज	र
झ	आड़
ट	ड़
ठ	ल
ड	व ※
ढ	और ष +

※ वँ तथा यँ के रूप ⌒ व ◡ भी हैं इनका वर्णन आगे आवेगा

+ षँ को शँ लिखा जाता है इसका पृथक रूप नहीं है।

यदि किसी अक्षर के लिखने में भ्रम हो कि किस ओर से आरम्भ करना चाहिये तो विद्यार्थी को उचित है कि पृष्ठ १६ पर दिये हुए नियम पढ़ले।

	स		म		य्यव्
	ह		इम्प, इम्ब		वय्‌प्
	ह		न		लल्
	क्ष		ङ.		व
	त्र		स्व		य
	ज्ञ		ष्व		वय का अंकुश व से दूना है

नोट-१ :— हँ (१) और हँ (२) ये दो रूप हे के व्यवहार में लाये जाते हैं। जिस समय जौनसा सुगमता से बन सके लिखना चाहिये।

नोट २ :— चँ तथा रँ की बनावट में इस बात का ध्यान रहे कि चँ ऊपर से नीचे की ओर लिखा जाता है और पृष्ठ की रेखा से ६०° का कोण बनाता है तथा रँ नीचे से ऊपर की ओर लिखा जाता है और पृष्ठ की रेखा से ३०° का कोण बनाता है। एक हँ, चँ में छोटा वृत्त जोड़ने से व दूसरा हँ र में छोटा वृत्त जोड़ने से बनता है।

❀ रेखाक्षरों के लिखने के नियम

(१) निम्नलिखित रेखाक्षर ऊपर से नीचे की ओर लिखे जाते हैं:—

च छ ज झ त थ द ध प फ ब भ ह

(२) ये रेखाक्षर नीचे से ऊपर की ओर लिखे जाते हैं:—

र ड़ व ह

❀ इस प्रणाली के अक्षरों को साधारणतः रेखाक्षर कहते हैं॥

(३) ये रेखाक्षर बांईं ओर से दाहिनी ओर को लिखे जाते हैं:—

क ख ग घ क्ष ज्ञ म इम्प न ङ

(४) निम्न लिखित वक्र रेखाक्षर परिधि के टुकड़े हैं:—

ट ठ ड ढ स स्व म इम्प न ङ

इनमें से ट ठ ड ढ स स्व ऊपर से नीचे की ओर लिखे जाते हैं।

तथा म इम्प न ङ बांई ओर से दाहिनी ओर को लिखे जाते हैं।

(५) निम्न लिखित वक्र रेखाक्षर परिधि के चतुर्थांश हैं।

य यव् श श्व ल लल् आर आड़

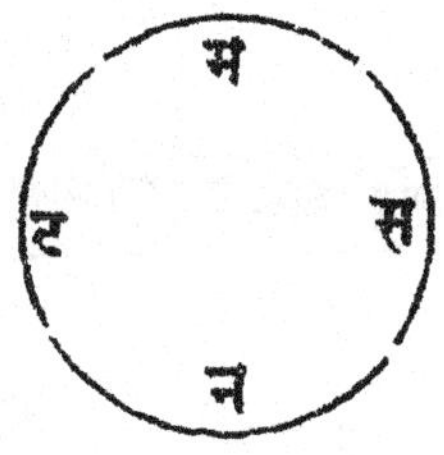

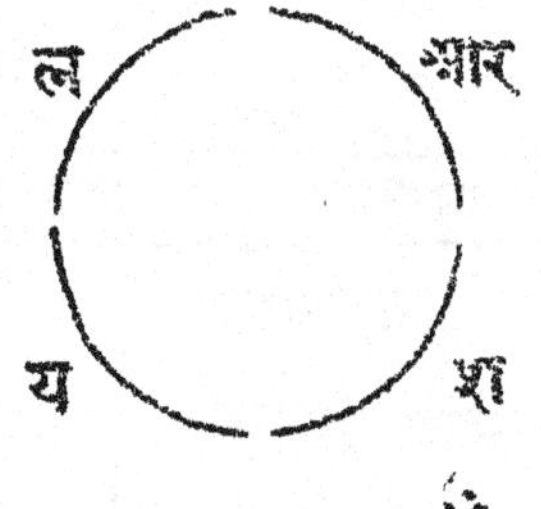

इनमें से य यव् श श्व लल् आर आड़ ऊपर से नीचे की ओर तथा ल नीचे से ऊपर की ओर लिखा जाता है।

दूसरा अध्याय

स्वरों का वर्णन

दो चिन्ह ˘ नाद बिन्दु से स्वर बने हैं ˘ को सुगमता के लिये सीधा ˉ लिखा जायगा। इन्हीं को बिन्दु नाद या अंगरेज़ी में डौट डैश कहते हैं।

स्वरों के तीन स्थान हैं

बिन्दु के लिये

नाम स्थान	पतला बिन्दु ह्रस्व स्वर के लिये	मोटा बिन्दु दीर्घ स्वर के लिये
पहिला स्थान आदि में	अ —	आ —
दूसरा स्थान मध्य में	ए —	ऐ —
तीसरा स्थान अन्त में	इ —	ई —

नाद के लिये

नाम स्थान	पतला नाद ह्रस्व स्वर के लिये	मोटा नाद दीर्घ स्वर के लिये
* पहिला स्थान	×	×
दूसरा स्थान	ओ —	औ —
तीसरा स्थान	उ —	ऊ —

पहिला स्थान रेखा के आरम्भिक सिरे पर तीसरा अन्तिम सिरे पर व दूसरा मध्य में माना जाता है।

स्वर लिखने की रीति

(१) यदि स्वर व्यंजन से पूर्व आवे तो उसे व्यंजन के ऊपर या बांई ओर लिखते हैं। जैसे आम ⌒ आग — ऊद -

* नाद पहिले स्थान पर नहीं लगाया जाता।

आक — आज /

एक — अज /

(२) यदि स्वर व्यंजन के पश्चात् आवे तो नीचे या दाहिनी ओर लिखा जाता है। जैसे—

मा ⌒ जी /

(३) मिलावट में तीसरे स्थान के स्वरों का लिखना कठिन होता है। इस लिये तीसरे स्थान के स्वर दूसरे व्यंजन के पूर्व लिखे जाते हैं। जैसे—रीति गीत

(४) हल के बिन्दु से अ, ए, इ हल के नाद ओ, उ प्रगट किये जाते हैं।

स्थान	बिन्दु पूर्व			पश्चात्
१—अ	—	अग	ग	—
२—ए	—	एक	गे	—
३—इ	⌒	इमि	मि	⌒
		नाद		
१—नहीं है				
२—ओ		ओठ	ठो	
३—उ		उठ	ठु	

(५) भारी बिन्दु से आ, ऐ, ई, भारी नाद से औ, ऊ प्रगट किये जाते हैं।

१-आ	—	आग	गा	—
२-ऐ		ऐसा	सै	
३-ई		ईख	खी	
औ		और	रौ	
ऊ		ऊधो	धू	

(६) स्वर का प्रथम स्थान रेखाक्षर के आदि में दूसरा मध्य में और तीसरा अन्त में होता है। अधोगामी रेखाक्षरों में स्वरों के स्थान इस प्रकार हैं।

१ १ १ १ १ १
२ २ २ २ २ २
३ ३ ३ ३ ३ ३

ऊर्ध्वगामी रेखाक्षरों में स्वरों के स्थान नीचे से लिखे जाते हैं। कारण यह कि रेखाक्षर का आदि नीचे से होता है।

३ ३ ३ ३ ३ ३
२ २ २ २ २ २
१ १ १ १ १ १

अग्रगामी रेखाक्षरों में स्वर स्थानों की गणना बांये से दाहिने को करना चाहिये। कारण यह कि रेखाक्षर बांये से दाहिने को जाता है।

१ २ ३ १ २ ३ १ २ ३
१ २ ३ १ २ ३ १ २ ३

(७) स्वर चिन्हों को व्यंजन से कुछ अन्तर पर लिखना चाहिये। उस से मिला देना अनुचित है जैसे रूप  नाद चिन्ह को समकोण से रखना चाहिये जैसे पू

अभ्यास ६

बारा दिशा सूचक है अर्थात रेखाक्षर की दिशा बतलाता है रेखाक्षर क, ख, ग, घ, क्ष, ञ, म, द्व्य, न ङ सतर पर लिखे जाते हैं :—

क, ग
ख, घ
च, ज
छ, झ
ट, ड
ठ, ढ
त, द
थ, ध
प, ब
फ, भ
य, यब
अर, अड़
ल, लल
व ⊛ व्य
श, श्ल
स स्व
क्ष, ञ
म, द्व्य
न, ङ
ह
अ

इस अभ्यास को बार बार लिखकर अच्छी तरह याद कर लेना चाहिये जिससे कि कोई भी अक्षर बिना कुछ विचार किये हुए तुरन्त लिखा जा सके।

⊛ व्य का अंकुश वं के अंकुश से दूना है दोनों पतले हैं।

अभ्यास ७

अपनी कापी पर निम्न लिखित रेखाक्षरों की नक़ल करो और मुंह से उच्चारण कर करके हिन्दी अक्षर उनके सामने लिखो और फिर रेखाक्षरों को सावधानी से मश्क़ करो ॥

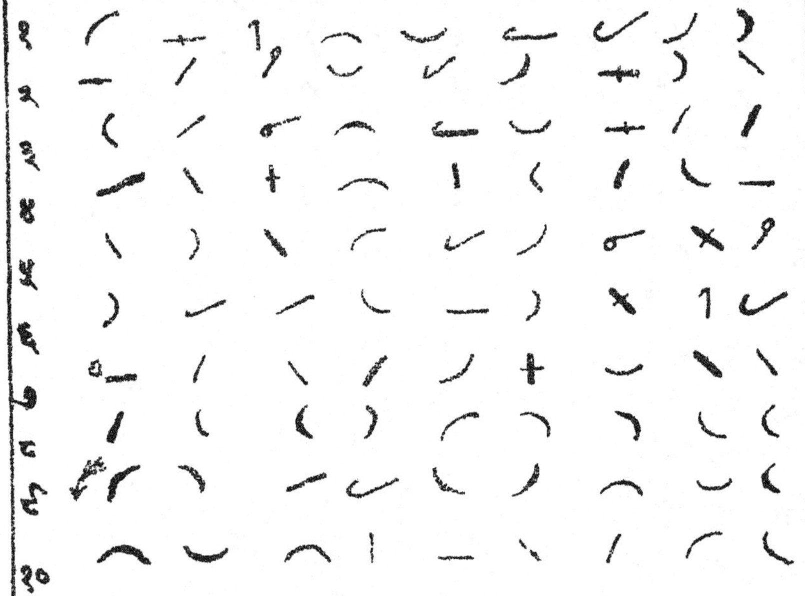

अभ्यास ८

पहिले एक लाइन हिन्दी अक्षर अपनी कापी पर उतार लो फिर रेखाक्षर उनके नीचे लिखो और मश्क़ करो ॥

१ ध म थ ल च क र अर

२ ह श ख अर फ त न छ

३ ट स व फ प र क ख

४ ङ ग ध त श क्ष ष ञ

५ न प ल च थ स आड़ अल

६ र द छ ड़ फ व ह्न व्य

७ भ म ज ढ ध व ह [illegible]

८ द श्व ड स्क ॠ स्व ड्म्प ड्म्ब

९ ठ ङ प ञ स्व च य फ

१० ह ख क र प फ य व

अभ्यास ९

पहिले व्यंजन लिखकर फिर स्वर लगाना चाहिये

१

२

३

४

५

६

७

अभ्यास १०

१ आज, जी, उड़ा, आप, बाबू

२ ज, जा, आड़, आपू, अजी

३ पी, आग आजी, आला, ओभा

४ आका, ला, आरी, ओठ, खा

५ जि, आड़ू, एक के, था,

६ आज्ञा, ओक, को, आधा, आपा

७ जे, आरा, आलू, ओ३म्, भी

८ आक, आटा, अत्र, आहा, मे

९ जु, ओह, आहू, जे, आय

१० को, कू, ओक, ईख, खी

तीसरा अध्याय

रेखाक्षरों की मिलावट के नियम।

(१) रेखाक्षरों के मिलाने में लेखनी को न उठाना चाहिये अर्थात् मिलाते हुए लिखते जाना चाहिये। जैसे:—

लप सक पल लद मत गज चक तल पक यम तक बग

(२) श ल के अतिरिक्त मिलाने के पश्चात् किसी रेखाक्षर की दिशा नहीं बदली जा सकती अर्थात् ऊर्ध्वगामी ऊपर की ओर, अग्रगामी आगे की ओर, और अधोगामी नीचे की ओर ही लिखे जायंगे कारण कि रेखाक्षर की दिशा बदल देने से पढ़ना कठिन ही नहीं बल्कि असम्भव हो जाएगा। जैसे:—

बन कैत पच तक क़द कम पर कन बज बद

जब श निम्नलिखित अक्षरों के पूर्व आता है तो बहुधा ऊर्ध्वगामी लिखा जाता है।

य व्य ट ठ ड ढ तथा ल जैसे:—

आशय ऊषट अशोली

और जब निम्न लिखित अक्षरों के पश्चात् श आता है तो भी ऊर्ध्वगामी ही लिखा जाता है।

य व्य द ल

जैसे:— यशी दशी नालिशी

(३) मिलावट में पहिला ऊर्ध्वगामी अथवा अधोगामी अक्षर रेखा से अवश्य मिलना चाहिये। जैसे:—

रूप नान तच आंग छन कान मान नोच मार रीफ राधा लेप

रोया बाक् रामनोमी हय रेलवे गंगा

मारो मिलर नारी काली कारी गोला काव्य

(४) जब दो अधोगामी रेखाक्षर मिलाये जावें तो पहिले को रेखा पर पूरा करके दूसरे को नीचे लेजाओ। जैसे:—

बाजा जाप

(५) जब एक अग्रगामी अक्षर के साथ दूसरा अधोगामी अक्षर जोड़ा जाय तो अग्रगामी को रेखा से ऊपर लिखकर अधोगामी को रेखा पर पूरा करो। जैसे:— खात्ता गोपी

ल के ऊर्ध्वगामी व अधोगामी रूप इन उदाहरणों से समझ लेना चाहिये, इनकी पूरी २ व्याख्या आगे की जायगी।

लाम आलम लोक अलग लोंग आलिङ्गन

अयाल नील नीलोपल

माता गीत

(६) यदि अग्रगामी अक्षर पहिले और ऊर्ध्वगामी पीछे हो तो रेखा से प्रारम्भ करो। जैसेः—

माला गाढ़ी कोरी

(७) वक्राक्षरों को इस प्रकार लाला मामा और सीधे रेखाक्षरों को इस प्रकार मिलाते हैं।

बाबा चाचा काका

तीसरे स्थान के स्वर ॥

जैसा कि पहिले लिखा जा चुका है मिलावट में तीसरे स्थान के स्वरों (इ ई उ ऊ) का लिखना कठिन हो जाता है, जैसे रूप में यदि र के ऊपर ही स्वर की मात्रा लगाई जावे अर्थात् रू ही लिखा जावे तो लिखना और पढ़ना दोनों कठिन ही नहीं बल्कि असम्भव हो जावेंगे इसलिये रूप के टुकड़े करके (र + ऊप) लिख देते हैं। जैसेः—

(र+ऊप) रूप (क+ऊप) कूप (ग+ईत) गीत

विद्यार्थी को तीसरे स्थान के स्वर (इ ई उ ऊ) वाले शब्दों को लिख २ कर अभ्यास कर लेना चाहिये।

अभ्यास ११

अभ्यास १२

जीना, टीकरा, तूम्बा, दिक़, दूकान, हींग, धीमा, नीक, फूफा, फूल भूत, सीखा, फ़िकर, फूंकना, भीम, भूमि, मुख्य, हुक्का, यूरुप, रूम मीठा, ऋषि, लुकाट, क्षीर, लूट, विषय, शुल्क, सूखा, कुल, यम दक्ष, ईश, चीस, विहार, यवाय, नव्य, व्यास, व्यतीत, अव्यय व्याह अन्य।

अभ्यास १३

हिन्दी लिखो फिर रेखाक्षरों का अभ्यास करो।

१

२

३

४

५

६

७

८

अभ्यास १४

रेखाक्षरों में लिखो

१— मैंने उस आदमी को देखा था।

२– हम तुम दोनों परीक्षा में पास होंगे।

३– एक आदमी बाग़ में गया है।

४– मोहन यह कौनसा बालक है ?

५– सन्यासी बन को जाता है।

६– एक कन्या पालकी पर चढ़ कर मंदिर को जाती है।

७– क्या तुम दिवाली की छुट्टी में घर जाते हो ?

८– पूर्वकाल में शंकर ने त्रिपुरासुर को मारा था।

९– सीता और लक्ष्मण, राम जी के साथ दण्डक बन गये थे।

१०– इस श्लोक का अन्वय आपको अवश्य ज्ञात होगा।

अभ्यास १५

रेखाक्षरों को इस तरह मिलाना चाहिये कि हरएक अक्षर साफ़ २ समझ में आसके। एक ही दिशा में जाने वाले दो से अधिक रेखाक्षरों को न मिलाना चाहिये किन्तु शब्द के टुकड़े २ करके लिख देना चाहिये।

नोटः– छोटे अ की मात्रा लगाने की विशेष आवश्यकता नहीं है।

अभ्यास १६

१– बड़ा, लता, छिपा, पहुंचा, जीता,

२— सोचता, टीन, देवी, होगा, गोरा,

३— इतना, उतना, कितना, शम्भू, घटना,

४— शोभा, धीर, धनी, ज्ञानी, मानी,

५— फूटा, नाटक, नायक, नारी, नाश,

६— तबला, झपट्टा, लजाना, निधि, ग्राम,

७— पीला, काला, मूंग, आंख, कान, नाग,

८— नगर, नदी, नाद, धर्म, कर, डंडा,

९— आत्माराम, रामदास, तुलाराम, सीताराम,

१० परशुराम, बालगंगाधर, नारायणशर्मा, गोविन्द।

अभ्यास १७

अभ्यास १८

जब बन्दर ने डंडी उठाकर दिखाया तो बड़े भाग वाला पल्लड़ा झुक गया तब बन्दर बड़े भाग वाले टुकड़े में से कुछ रोटी तोड़कर खा गया। विद्यार्थी को उचित है कि शीघ्रता न करे धीरे २ लिखने का अभ्यास करे

द्विस्वर

जब किसी शब्द में दो स्वर लगातार आ जाते हैं तो उन का पृथक पृथक लिखना कठिन हो जाता है इस कारण सुगमता के लिये द्विस्वरों

के चिन्ह नियत कर लिये गये हैं। यह द्विस्वर साधारण स्वरों की भांति लगाये जाते हैं।

(१) आ + व
(अ) आ + य — आवत, आयस, गायन,

यह चिन्ह अधोगामी रेखाक्षर के प्रारम्भिक सिरे पर मिलाया जा सकता है। जैसेः—

आवत
आयस
आवरे

(२) आ + ए, ये — सुनाये, पढ़ाये, लखाये.

(३) आ + ई, — सुनाई, बुलाई, गाई,

आई चिन्ह न क ग य र ल व ह (ऊर्ध्वगामी) के अन्त में मिलाया जासक्ता है
जैसेः— नाई काई मंगाई खवाई
बुलाई गाई बरियाई बहाई

(१) आ + यो — छुड़ायो, गायो, लायो,

(२) आ + ओ — लाओ, गाओ, खाओ,

(३) आ + ऊ, ऊं — खाऊं, गाऊं, जाऊं

आ + यो चिन्ह ऊर्ध्वगामी ल के साथ प्रारम्भिक सिरे पर मिलाया जासकता है। जैसेः—

आयो लाड़लो

आ + ऊं चिन्ह अधोगामी रेखाक्षर के अन्त में मिलाया जासक्ता है
जैसेः— पाऊं ताऊ भाऊ कहाऊं

(१) ओ + या — रोया, कोया, बोया

(२) ओ + ए, ये		रोये, खोये, भिगाये,
(३) ओ + ई,		खोई, गोई, लोई, रोई
(१) ऊ + आ,		बथुआ, बउआ,
		कुआ, खउआ ,,

नोट— ध्यान रहे कि इस प्रणाली में ध्वनि के सूक्ष्म अन्तर की ओर ध्यान नहीं दिया जाता।

(२) ऊ + ए, ये		कुए, घरूए, इत्यादिक
(३) उ + ई, वी		रुई, कड़वी, सुई, ,,
(१) अ + ये,		भये, गये, लये, ,,
(२) अ + ए		गरए, रिझए, ,,
(३) अ + ई		भई, गई, लई, ,,
(१) इ + या		लिया, किया, दिया, ,,
(२) इ + ओ, यो		कियो, लियो, दियो, ,,
(३) इ + ए		लिये, दिये, किये, ,,

वट बहुत से शब्दों के अन्त में आता है और इसको लिखने में कठिनता होती है इसलिये इसको व ^ चिन्ह से लिखते हैं। यह चिन्ह अधोगामी रेखाक्षर के अन्तिम सिरे पर मिलाकर लिखा जासकता है मिलाने की रीति इस प्रकार है।

दीवट	पिसावट
पीवट	सजावट
कसावट	गुह्रावट
डीवट	नचावत

क, ग, म, न, ल, ङ, के अन्त में मिलावट इस प्रकार होती हैं:—

रुकावट	गावत
बनावट	रंगावट
मिलावट	समावत
खिलावट	लगावट

यदि द्विस्वर के पश्चात ही कोई स्वर और आजाय तो द्विस्वर चिन्ह में एक छोटी रेखा मिलाकर लिख देते हैं। जैसेः—

कहाइयो	सुनाइयो
खाइयेगा	लाइयेगा
जाइयेगा	सुनाइयेगा

एसे चिन्ह को त्रिस्वर कहते हैं क्योंकि इससे ३ स्वर प्रगट किये जाते हैं। इस प्रणाली में व और य की गणना स्वरों की भांति है।

किसी समय स्वर अकेला ही आता है यदि उसको विशेष रूप से लिखने की आवश्यकता प्रतीत होती हो तो एसी दशा में इन चिन्हें का प्रयोग करना चाहिये।

आ, आइ,	के लिये	रेखा के ऊपर
ई, आए,	"	रेखा पर
एै,	"	रेखा के ऊपर
ओ,	"	रेखा पर

बहुत से शब्दों में ए+उ जैसे नेउला में अथवा ए+ई जैसे लेई में अथवा ओ+इ जैसे 'कोइल' में कुछ द्विस्वर आते हैं जिनके कि चिन्ह नियत नहीं किये गये हैं तो एसी दशा में दोनों स्वरों के चिन्ह पृथक २ लगा देना चाहिये, जैसेः—

नेउला लेई कोइल

अभ्यास १९

१

२

३

४

५

६

७

८

अभ्यास २०

१- सुभाय, कहाय, जनाय, लखाय, ढांव, बहाव, दाब, कहाये।

२- गाये, बताये, चिल्लाये, पाये, सुभाई, कहाई, गाई, दिखाई, बताई

३- गायो, छायो, जायो, सिखायो, सतायो; मिटायो, नचायो।

४- गाओगे, जाओगे, सिखाओगे, बताओगे, आओगे, खाओगे।

५- भाऊं, ढाऊं, उठाऊं, दिखाऊं, सिखाऊं, सोया, चोया, बोया।

६- खोया, रोया, पिरोय, कोये, ढोये, पोये, बोई, खोई, चोई, पोई।

७- कूआ, पूआ, सूआ, खटूआ, बटूआ, कूए, सूए, कसूए, घूए, धूंए।

८- कड़वी, सुई, मुई, लुई, अलुये, पगाये, नदये, नरये, सरये, गवये।

९- रई, कई, मई, घई, छई, घिया, खिया, छिया, जिया, लिया।

१०- लखियो, रखियो, चखियो, टरियो, पिसियो, हंसियो, फसियो।

११- कीरिए, धरिए, जरिए, डरिए, मरिए, चाहिये, गाइये, बजाइये।

अभ्यास २१

अभ्यास २२

आइबौ गलीनमें हमारे नित खेलिबे कूं, लैके संग जाइबौ चरा-वनी में गैयां की। तापै कुसुमाकर सुबोलिबौ सरसबैन, गाइबौ मधुर तान बैठि तरु छैयां की॥ भूलत भुलाये हू न जो हनि डगर-बारी, सूरति बनी ही रहै कसम गुसैय्यां की। उभरे उरोज को निरादर करत बीर, बालम बिसारि दीन सुधि लरिकैयां की॥

शब्द चिन्ह।

जो शब्द बोल चाल में बार २ आते हैं उनके लिये एक छोटा सा चि-न्ह नियत कर लिया जाता है ऐसे चिन्ह को शब्द-चिन्ह कहते हैं। विद्यार्थियों को उचित है कि प्रति दिवस थोड़े २ शब्द-चिन्हों का-अभ्यास कर लिया करें क्योंकि इससे लिखने में बड़ी सुगमता हो जाती है। बड़ी सूची पुस्तक के अन्त में दी गई है।

आप	इस, इसे, इसी
मैं, में	उस, उसे, उसी
हम	का, के, की
तुम	को,
तो, तू, नें	पर
वह, वे	लिये

आज	....	क्यों	....
जी	....	क्योंकि	
एसा, एसी, एसे	....	कोई	....
के	....	है, हैं	....
कई		हो	....
एक	....	नहीं	....
आ, आया, आई	....	ने	
आये, आयें		और	....
आओ,		कि	
सा, सी, से		ए	....

शब्द चिन्हों के तीन स्थान हैं अर्थात् लकीर के ऊपर लकीर पर और लकीर को काटते हुए अतएव उचित है कि जो स्थान शब्द चिन्ह के लिये नियत कर दिया गया है उसे उसी स्थान पर लिखा जाय उलट फेर करने से कुछ का कुछ पढ़ा जायगा।

अभ्यास २३

अभ्यास २४

तुम सुपुत्र होकर एसी ढिठाई करते हो। हे नाथ तुमने ही तो गज को

ग्राह के फन्दे से छुड़ाया था। कुश परन हीं तो तालाब पर हम ज़रूर जायेंगे। आजकल तो देवनागरी अक्षरों का प्रचार कर डालिये। ओ मेरे भाई कोई और साधन बताइये क्योंकि इसमें तो बड़ी कठिनता दिखाई देती है। जिसको विषमज्वर आता है उसे अन्न नहीं भाता। कई दिनों से हम आपसे नहीं मिल पाये हैं। एक दो बार नहीं किन्तु कई बार आप से प्रार्थना की गई है। भगवान के भक्तों में केवट भी एक मुख्य भक्त था।

'स' वृत्त

स, श के लिये ◡ रेखाक्षर नियत किये गये हैं इनके सिवाय एक छोटे वृत्त से भी लिखे जाते हैं। कहां रेखाक्षर और कहां वृत्त लिखा जायगा इसका स्पष्टीकरण आगे किया जायगा। स, श वृत्त चाहे शब्द के प्रारम्भ में हो या अन्त में अधोगामी अक्षरों के दाहिनी ओर और अग्रगामी तथा ऊर्ध्वगामी अक्षरों के ऊपर लिखा जाता है। गोलाई को बाहर की तरफ़ से अन्दर की तरफ़ ले जाना चाहिये।

सप, सब, सत, सद, सच, सज, सक, सग, सर, सड़, सक, सख, सः

बस, दस, तस, चस, जस, कस, गस, रस, ड़स, बस, हस, इत्यादि

स, श वृत्त जब किसी ऐसे दो व्यंजनों के बीच में आता है जो आपस में कोण बनाते हों तो वह कोण के बाहर की ओर निकलता हुआ लिखा जाता है। जैसे:—

स, श वृत्त जब किसी वक्र रेखाक्षर में जोड़ा जाता है तो उसके अन्दर की ओर लिखा जाता है, और जब दो वक्र रेखाक्षरों के बीच में आ

है तो प्रायः पहिले वक्र रेखाक्षर के अन्दर की ओर लिखा जाता है

सय, सम, मन, सव, लस, रस, सस, शस, नसन, मसन, यसक

जब स, श वृत शब्द के प्रारम्भ में लगाया जाता है तो सब से पहिले पढ़ा जाता है, जैसे सोच यहां स पहिले पढ़ा गया फिर क्रम से स्वर व व्यंजन का उच्चारण हुआ। जब स श वृत किसी शब्द के अन्त में लगाया जाता है तो सब से पीछे पढ़ा जाता है। जैसे पचास मिठास

अभ्यास २५

१

२

३

४

५

अभ्यास २६

आलस्य, पश्चिमी, सोना, दशमी, रास, रिश्वत, सज़ा, डसना, कोसना, दुश्वार, रोशनी, चाशनी, नाश, शाल, नसील, किसान, सन, साद, सत, सच, सूप, सीना, पसीना, नसैनी, शोक, सज्जन, द्वेष, समूह।

बड़ा वृत स्व, ज।

शब्द के प्रारम्भ में बड़ा वृत स्व का चिन्ह है। लिखने के नियम वही हैं जो छोटे वृत, स, श के लिये लिखे जा चुके हैं।

स्वय, स्वल, स्वज, स्वच, स्वत, स्वप, स्वम, स्वर, स्वग, स्वद, स्वस,

स्व वृत को व, ह, स, ज्ञ के साथ इस प्रकार मिलाते हैं।

स्वक्ष — स्वज्ञ — स्वह — स्वव

यह बड़ा वृत्त शब्द के मध्य और अन्त में स्व तथा ज़ दोनों के लिये लिखा जाता है। लिखने के नियम वही हैं जो छोटे वृत्त के लिये लिखे जा चुके हैं। जैसेः—

गज — बिजली — बीज — तेज — सेज — मेज़

झ को प्रगट करने के लिये ज़ वृत्त में भीतर एक बिन्दु लगा देते हैं। जैसे

समझना — सुलझना — बोझल — बूझना

यदि किसी शब्द के अन्त में स, श हो और उसके पहिले स्व या ज हो तो इस प्रकार लिखते हैं।ः—

विश्वास — अपजस — सुजस — निःश्वास

यदि किसी शब्द में स्व वृत्त लगाने से अशुद्ध शब्द पढ़ जाने का भय हो तो स्व, श्व का पूरा रूप लिखना चाहिये। जैसेः—

उपास्य — महास्य — उपज — गुणास्य

अभ्यास २७

अभ्यास २८

१ राजस्व, स्वतन्त्र, स्वस्थ, स्वयम्, स्वाभाविक, विश्वमूर्त्ति, स्वयम्भू

२ स्वधा, स्वाहा, स्वर्गगामी, सरस्वती, समस्व, स्वादिष्ट, स्वाध्याय,

३ सारस्वत, स्वपुत्र, विश्वमुख, स्वीकार, स्वर्गीय, स्वागत, विश्वरूप

४ [illegible], साज, स्वर्गी, मछली, बाज़रा, बिजली, सूरज, निज़ाम, हाजी

५ स्वदेश, स्वप्न, स्वविषय, स्वच्छ, स्वीकार, बाज़ार, गङ्गाजल, यमुना

६ [illegible], झलाझल, निर्जल, पुजारी, ताजमहल, रिवाज, बुर्ज, शिवशिव

७ शिवरामराउ, निःशेष।

अंडाकार स्त, ष्ट.

अंड अर्धाकार शब्द के प्रारम्भ तथा अन्त में स्त, स्थ, स्द, स्ट, ष्त, ष्थ, ष्ट, ष्ठ का चिन्ह है।

षट्कर्म षट्रस षड्यन्त्र कष्ट

यह अण्डाकार अक्षर के आकार से आधा लिखा जाता है। इस अण्डाकार को स्त, स्त, व, ह के पहिले नहीं लगा सकते, इसलिये जब इन अक्षरों से पहिले यह शब्द-खंड आवें तो उनको इस चिन्ह से प्रगट करते हैं। जैसेः— अस्थिविद्या

यह अण्डाकार स वृत की तरह लगाया जाता है, परन्तु यदि इन दोनों अक्षरों के मध्य अथवा अन्त में कोई स्वर आजावे तो अण्डाकार का प्रयोग न करना चाहिये। जैसेः—

बन्दोबस्त बस्ती रास्त रास्ती

इस अंडाकार को शब्द के मध्य में भी लिख सक्ते हैं। जैसेः—

बिलोचिस्तान हिन्दुस्तान गणाष्टक शिवाष्टक

बड़ा अंडाकार रेखाक्षर के दो तिहाई आकार के बराबर स्तर शब्द का चिन्ह है। इसके उपयोग में लाने के नियम वही हैं जो छोटे अंडाकार के लिये लिखे जा चुके हैं। जैसेः—

बिस्तर मास्टर बैरिस्टर शास्त्र

अभ्यास २९

१

२

३

४

५

अभ्यास ३०

१ काष्ठ, कुष्ठ, अष्ट प्रहर, अष्ट धातु, अष्ट भुजा, अष्ट मूर्ति,

२ अष्टास्त्र, दोस्त, फ़ेहरिस्त, आरास्ता, कनस्टर, पुष्टि, दुरुस्त

३ दुरुस्ती, ग्रहस्थ, ग्रहस्थी, शास्त्र, नश्तर, मास्टर, मिस्टर

४ बैरिस्टर, भैरवाष्टक, कालाष्टक, वस्त्र।

वृत्त से श और रेखाक्षर से श का उपयोग।

साधारणतः वृत्त से श का प्रयोग किया जाता है जैसे:- सुरभी

रेखाक्षर स, श, का उपयोग इन स्थानों में करना चाहिये।:-

१- जब शब्द में केवल स वा श हो और दूसरा अक्षर न हो। जैसे:-
ओस आशा सौ शै

२- जब शब्द स्वर से प्रारम्भ होता हो और स्वर के पश्चात ही स वा श आवे। जैसे उषा अस्र

३- जब कि शब्द के अन्त में स्वर हो और स्वर के पूर्व स वा श हो।
जैसे:- पेशा दशा पैसा मनसा

४- जब शब्द के आरम्भ में स वा श हो और उसके पश्चात स्वर हो और फिर स वा श दुबारा आवे तो पहिले स वा श को पूरा लिखते हैं और दूसरे के लिये वृत्त। जैसे:- सस्ता सुस्ती सुसरा

५– जब शब्द के आरम्भ में स वा श हो और अन्त में स्न, स्थ, स्ट, ष्ट अथवा श्त, श्थ, श्ट इत्यादि हों तो आरम्भ के स या श का पूर्णरूप लिखा जायगा। जैसेः– सुस्त शिस्त स्वस्थ

६– जब शब्द के आरम्भ में स वा श हो और उसके पश्चात ही दो स्वर हों। जैसेः– साइन्स सोयम साईस रसाई

७– जब शब्द के आरम्भ में स वा श हो और उसके बाद ह हो। जैसेः– सहारा शाह सहरा सहाय

अभ्यास ३१

१

२

३

अभ्यास ३२

१ आसामानी, ईसाई, असली, स्नान, दिलासा, सहेली, मूसा,
२ रस्सा, इशारा, लाश, शाल, दुशाला, शिवाला, साला, श्वसुराल
३ असमंजस, अशुभ, असह, साहस, भेष, भैंसा, धोंसा, वत्स
४ ऊषा, आशा, ऊसर, शोर, सार, घनश्याम, उसमानी।

वृत स्व और रेखाक्षर स्व, श्व के उपयोग के नियम

साधारणतः वृत स्व का प्रयोग किया जाता है। जैसेः–

स्वर राजस्व सर्वस्व स्वाधीन

रेखाक्षर स्व, श्व का प्रयोग निम्नलिखित स्थानों में किया जाता है:–

१– जब कि शब्द में केवल स्व, श्व हो और दूसरा रेखाक्षर न हो। जैसेः– अश्व

२– जब कि शब्द स्वर से आरम्भ होता हो और स्वर के पश्चात ही स्व

आजावे। जैसेः—अश्वत्थामा अस्वाभाविक

३- जबकि शब्द के अन्त में स्वर हो, और स्वर के पूर्व स्व, श्व हो। जैसेः- मनस्वी तेजस्वी तपस्वी राजस्वी

४- जबकि शब्द के पहिले खण्ड में स्व वा श्व हो और उसके पश्चात स्वर हो, और फिर स्व वा श्व दुबारा आवे तो पहिले स्व वा श्व को पूरा लिखते हैं और दूसरे के लिये वृत। जैसेः विश्वेश्वर

५- जबकि शब्द के प्रारम्भ में स्व वा श्व हो और अन्त में स्त, स्थ, स्ट स्ड श्त श्थ श्ट श्ठ आदि अथवा ऐसे ही खण्ड हों तो प्रारम्भ के स्व वा श्व का पूरा रूप लिखा जायगा। जैसेः—

स्वस्थ प्रशस्त

६- जब शब्द के प्रारम्भ में स्व वा श्व हो, और उसके पश्चात ही कोई द्विस्वर हो। जैसेः— विश्वाय भूताय

७- जब शब्द के प्रारम्भ में स्व वा श्व हो, और उसके पश्चात ह हो। जैसेः— स्वाहा

अभ्यास ३३

१

२

३

अभ्यास ३४

अश्वशाला, अश्ववैद्य, अश्वारूढ़, अश्वशिक्षक, अश्वारोही, अश्वसेना, अश्वसेवक, अश्वत्थ, अश्वत्थामा, अश्विनीकुमार अश्वचिकित्साचार्य्य, अश्विनी, यशस्वी, राजस्वी, तेजस्वी,

संयुक्त व्यंजन

अन्य, अम्य }
अन्ब, अम्ब } का चिन्ह यह है। जैसेः—अचम्भा

चम्पा   तम्बाकू   अम्बाला   बम्बई

२– वल का चिन्ह यह है। जैसेः– वलीअहद   गाड़ीवाला

३– अधोगामी लल्   कुंजीलाल

४– चूंकि अन्प अम्प, अन्ब अम्ब, की ध्वनि मिलती हुई है इसलिये इनका एक ही चिन्ह नियत किया गया है, जब इन दो अक्षरों के मध्य में कोई मुख्य मात्रा आजावे तो इस चिन्ह का प्रयोग नहीं किया जावेगा।

५– प्रारम्भिक अङ्कुश वल पहिले पढ़ा जाता है यानी स्वर से भी पहिले। जैसेः— वौली   परन्तु यदि वा के पूर्व कोई स्वर हो तो पूरे पूरे अक्षर लिखने चाहियें। जैसेः— अव्वल,   और यदि व द्विगुण हो तो भी पूरे अक्षर लिखने चाहियें। जैसेः— क़व्वाली

६– लल् में, दोनों ल के मध्य में स्वर आजाने पर भी यही चिन्ह लिखा जाता है, मात्रा इस प्रकार लगादी जाती है। जैसेः— रामलाल   परन्तु जब ल के अन्त में कोई स्वर आवे तो इस चिन्ह का प्रयोग न किया जायगा। जैसेः— किलोला

७– द्विगुण अक्षर के लिये एक ही अक्षर लिखा जाता है। जैसेः—
कुत्ता   बिल्ली   गन्ना   पन्ना

८– जहां कहीं सुगमता पूर्वक लिखावट में आसकें तो इन चिन्हों का प्रयोग शब्द के बीच में भी किया जाता है। जैसेः— नवलपत्र

अभ्यास ३५

१

२

३

४

५

अभ्यास ३६

१-दङ्ग, गङ्गा, डींग, टांग, कङ्काल, सुसंग, किङ्ग, सींग, मांग,
२-नङ्गा, लोंग, जङ्ग, रांगा, अड़ंगा, चम्पा, लेम्प, सांप, कुसंग,
३- हांप, तम्बाकू, जुम्बिश, अचम्भा, पम्प, बम्बा, भुजङ्ग, संकट
४- शङ्कर, शम्भू, नारंगी, जम्बूफल, सम्प्रदाय, सम्भव,

रेखाक्षर ह का वर्णन

ह प्रगट करने के लिये नाद (डैश) बिन्दु (डॉट) का प्रयोग किया जाता है।

नाद ह का प्रयोग

१- किसी अक्षर को बीच में एक छोटी सी रेखा से काट देने पर उसमें ह मिल जाता है। जैसेः— फ भ ठ ख
फल भीख ठट्ठा खरा
२- स, स्व, म, इम्प, ल, अर, अड़ के प्रारम्भ में इस तरह जोड़ा जाता है। यह चिन्ह केवल प्रारम्भिक सिरे पर लगाया जाता है, और सब से पहिले पढ़ा जाता है। जैसेः— हांप हिस्सा
हाल होम हार हाड़

बिन्दु ह का प्रयोग

१- शब्द के मध्य वा अन्त में झ आवे तो तृत जे लिखकर उसके बीच में एक बिन्दु लगाने से झ पढ़ा जाता है। जैसेः-
बूझना समझना मांझ
२- जब ह किसी शब्द के मध्य वा अन्त में आवे और पूरा अक्षर लिखने से बेढंगी आकृति बनती हो तो उसको एक छोटे से बिन्दु से प्रगट किया जाता है। जैसेः— लहसन वस्तुतः

अधोगामी ह निम्न लिखित स्थानों में लिखा जाता है।

१- जब अकेला हो। जैसेः- आह हा

२— जबकि पहिले या पीछे क, ग, और म हों। जैसेः—

कहा होगा हम क्षेम

३— च, ज, स, स्व, श, ल, अर, ह (अधोगामी) से ह के पश्चात्।

जैसेः—जुही चूहा शौहर लुहार सही

उर्ध्वगामी ह निम्न लिखित स्थानों पर लिखा जाता है।

१— जब ह के पश्चात् कोई अधोगामी अक्षर आवे। जैसेः—

हद हद हड्डी हानी

२— अथवा उर्ध्वगामी रेखाक्षर हो। जैसेः—

हीरा हवास धरोहर

३— अथवा न ङ हो। जैसेः— हींग हिना

४— अथवा वृत वा अण्डाकार हो। जैसेः— हिस्र होश

५— निम्न लिखित अक्षरों के पश्चात् भी उर्ध्वगामी ह लिखा जाता है

प, ब, त, द, य, ट, ड, न, ङ, र, ड़, व, ह (उर्ध्वगामी) जैसेः—

पहरा बाहर तहसील देहात

यही टेहरी डाह जाहर

गङ्गहर रोहिणी बड़हल बी... बूढ़ा

नोट— ध्यान रहे कि जब किसी अक्षर के पश्चात् रेखाक्षर ह आवे तो उसको इस तरह मिलाया जाय कि ह के और रों के छल्ले में गड़बड़ न होने पावे। जैसेः— तीसरा ताहि

कमसच मेहरा एकसच कहारी

अभ्यास ३७

१

२

३

४

अभ्यास ३८

१ मछुली, रथ, धार, ध्यान, साधू, दुहाई, सहल, धूस,
२ धमक, हथेली, हालिम, हौदा, फूल, भाला, मिठास, गाहक
३ हिफाजत, घोड़ा, यहां, कहकह, महुवा, नहा, नहचा, बिछा
४ हिला, [illegible], थोड़ी ही, हींग, दहेज, पहाड़ा, अठारह

र अंकुश

[illegible] अंकुश सीधे रेखाक्षरों के साथ :—

१- छोटा अंकुश किसी अधोगामी सीधे रेखाक्षर के सिरे पर बाईं ओर और ऊर्ध्वगामी रेखाक्षर नीचे लगाने से रं, ड़ [illegible] ।

जैसे :— पर कर तर दर च्र

२- छोटा अङ्कुश किसी अधोगामी सीधे रेखाक्षर के सिरे पर दाहिनी ओर और ऊर्ध्वगामी रेखाक्षर के ऊपर लगाने से ल समझा जायगा। [illegible] बल नल

दल [illegible] जल कल [illegible]

नोट- र ड [illegible] के साथ अङ्कुश नहीं लगाये जाते, [illegible] में [illegible] से अङ्कुश छोटा है। उदाहरणार्थ :

प्रजा [illegible] विपलव रुद्रादा

३- जब संयुक्त व्यंजनों के मध्य में या अन्त में कोई दीर्घ स्वर हो तो अङ्कुश न लगाना चाहिये। जैसे :—

तराजू [illegible] बेरी

४- इन संयुक्त व्यंजनों के पहिले व पीछे मात्रायें उसी [illegible] जाती हैं [illegible] बिना मिले व्यंजनों के पहिले या पीछे। जैसे :—

कृपा तृषा ब्रीहि

५- अङ्कुश र के साथ ह चिन्ह को अधोगामी रेखाक्षर के साथ [illegible] हैं। जैसे— हात्रास हिज्र

यह है चिन्ह ' अधोगामी है के नीचे का भाग है। जैसे:— /

६– स्पष्ट और सुगम सङ्गठन के लिये इसी दशा में भी जबकि कोई [illegible] दोनों अक्षरों के मध्य में वा अन्त में हो अक्षरों का उपयोग [illegible] होता है और स्वर को प्रगट करने के लिये एक छोटा सा वृत्त बना देते हैं। यदि स्वर का चिन्ह बिन्दु हो तो यह वृत्त आकृति के पीछे से या ऊपर बनाया जाता है, और यदि स्वर का चिन्ह [illegible] है तो [illegible] वृत्त आकृति के पीछे या नीचे बनाया जाता है। जैसे:—

बङ्गाल लंगूर अंगूर गढ़वाल

७– सुगमता के लिये कहीं २ शब्दाङ्ग बार, दार, कार, गार, के लिये भी अक्षरों [illegible] संयुक्त [illegible] हैं, इसी दशा में मात्राओं के लिखने की आवश्यकता नहीं है। जैसे:—

थानेदार गुनहगार कारदार

अभ्यास ३९

१

२

३

४

अभ्यास ४०

१ प्रजा, पृथ्वी, प्रायः, शापोद्धार, ट्रेड, [illegible] अचिद्रूप

२ परदेश, विष्णुसेन, ग्रान्ट, प्रान, भ्रम, तृण, [illegible]

३ पवित्री, सावित्री, त्रुटि, नेता, व्यापार, [illegible]

४ द्राविड, भद्रे, द्रोण, कृपा, अभ्र, अग्रणी, मोदक, प्रभु,

अभ्यास ४१

१

२
३
४

अभ्यास ४२

१ प्लुत, प्लावित, काजल, प्ले, प्लेग, तिलमिला, टिड्डीदल,
२ सुचरित्र, पृथ्वीदल, क्रान्तिल, कोतल, पीपल, तलकीन
३ पीतल, जलयात्रा, जलकउआ, गलफांस, कलआना
४ चलगई, अतल, वितल, बोतल, कोमल, अचलताल

प्रारम्भिक अङ्कुश वक्राक्षरों के साथ

१- वक्राक्षर के पहिले केवल एक ही स्थान पर अङ्कुश लगाया जा सकता है यानी वक्राक्षर के अन्दर की ओर। इसी तरह छोटे और बड़े दोनों अङ्कुश लगाये जा सकते हैं। जैसेः-पर ९ पल ९

२- वक्राक्षर के पहिले छोटा अङ्कुश लगाने से रेंड़ समझा जायगा जैसेः—पर ९ टर ९ डर ९ प्रार ९ अम्बर ९ अंगर ९

३- इन पर, टर, डर, के सीधे उलटे दो दो रूप हैं इस लिये अर, स, स्व में अङ्कुश रेंड़ नहीं लगाया जाता पर ( ) टर ( ) डर ( )

भिन्न २ रूप पर टर डर के इस प्रकार काम में लाये जाते हैं:—

१- जब शब्द के आदि में पर, टर, डर हो तो मामूली साधारण रूप लिखा जाता है। जैसेः— परबदा

२- जब ऐसे अक्षर के पश्चात् लिखना हो जो बांई ओर को लिखा जाता है तो सीधा रूप लिखा जायगा। जैसेः— चटर चेयर जठर

३- और जब ऐसे अक्षर के बाद लिखना हो जो दांई ओर को लिखा जाता है तो उलटा रूप लिखा जायगा। जैसेः—

पीटर बेडर पौडर

४– सुन्दर और सुगम संगठन के लिये कोई सा भी रूप सीधा या उलटा लिखा जा सकता है। जैसेः—

अटारनी यरबदा टरकाना डरपोक

"ल" अंकुश

१– बड़ा अंकुश वक्राक्षर के प्रारम्भ में 'ल' का चिन्ह है। जैसेः—

यल, टल, डल, शल, शल (उलटा) मल नल अम्बल अंगल

२– संयुक्ताक्षर शल को जैसा मौका हो सीधा या उलटा लिख सकते हैं। जैसेः— मारशल कमरशल

३– यर, टर, डर की तरह यल, टल, डल, का भी उलटा रूप लिखा जाता है। जैसेः– यल टल डल

इसलिये अर, स, स्व में ल अंकुश नहीं लगाया जाता।

कुण्डल मण्डल कोयल रौयल अर्थलोग

४– यह सीधे और उलटे रूप यथा योग्य अवसरों पर लिखे जा सकते हैं। सारांश यह है कि रेखाओं का सङ्गठन सुन्दर, सुगम एवम् स्पष्ट होवे।

अभ्यास ४३

१

२

३

४

अभ्यास ४४

१ कलेक्टर, बटोरना, हन्टर, खण्डर, मरम्मत, मरघट, मुरब्बा,

२ नरसिंह, निराला, बनारस, आश्रम, युरूप, भानुरूप, परिश्रम,

३ आङ्गिरस, नम्र, तैयार, मनीऑर्डर, शिवाङ्गिरस, मारकण्डे

४ प्रजापति, विश्वामित्र, भरद्वाज, गुट्टल, परशुराम, दरदर

प्रारम्भिक अंकुशों के साथ वृत्तों की मिलावट।

१– जिन रेखाक्षरों के साथ र अंकुश लगाया गया है, उनमें स, स्व, वृत्त व अण्डाकार स्त भी लगाया जा सकता है। मिलावट में वृत्त व अण्डाकार को अंकुश की ओर लिखते हैं और अंकुश के स्थान पर वृत्त व अण्डाकार बना दिया जाता है। जैसे:—

प प्र स्प्र स्त्रे स्त्र, स्द्र स्ज्र स्क्र स्प्र स्तोत्र

नोट– चूंकि च्र में वृत्त मिलाने से बन जाता है, जो ह्र का रूप है इसलिये च्र में वृत्त नहीं लगाते।

२– जब किसी शब्द के मध्य में वृत्त और अंकुश दोनों आवें अथवा कोण बनाने हों तो वृत्त और अंकुश दोनों को स्पष्ट रूप से लिखना चाहिये। जैसे:— मिस्त्री नमस्कार केशव सेव्य सावधान शुक्लपक्ष सवारी

३– सकर, शकर, कोर, थ द ध के पश्चात इस प्रकार लिखते हैं। जैसे:— तस्कर दुष्कर तिरस्कार

४– जिन शब्दों में अंकुश की लिखावट स्पष्ट न हो तो पूरे अक्षर लिखना चाहिये। जैसे:— नेशनल काश्मीर

५– स श वृत्त रेखाक्षरों में ल अंकुश के पहिले और वक्राक्षरों में ल व र दोनों अंकुशों के पहिले लगाया जाता है, वृत्त को सर्वदा अंकुश के भीतर बनाते हैं। जैसे:—

सफल, सबल, सतल, सदल, सजल, सकल, सगल, सटल, सडल

समल, सम्बल, संगल, सथर, सटर, सडर, समर, सम्बर, संगर।

अभ्यास ४५

१
२
३
४

अभ्यास ४६

१ सुफल, शीतल, सुजल, सकल, शकल, बाईसिकिल, सोशल
२ ट्राईसिकिल, मुश्किल, शिंगलद्वीप, सिंगल, दस्तगीर, लुहार
३ पिस्तौल, खुशदिल, हौस्टल, हौस्पिटिल, क्रिस्टल, शत्रु,
४ प्रेमसागर, दामनगीर, साधीर, करुणासागर, सपरिवार,

अन्त में लगनेवाले अंकुश न, य

१– छोटा अंकुश अधोगामी रेखाक्षर के अन्त में बांई ओर और अग्रगामी तथा ऊर्ध्वगामी रेखाक्षरों के नीचे न का चिन्ह है। जैसे:-

बन, पन, तन, दन, चन, जन, कन, गन, रन, डन, हन, क्षन,

नोट– क्षन और क्रून तथा हन और में यह अंतर है कि स, च, ब, के अंकुश बड़े हैं और लन के छोटे हैं।

२– छोटा अंकुश रेखाक्षर के अन्त में अधोगामी अक्षर के दाहिनी ओर अग्रगामी और ऊर्ध्वगामी अक्षर के ऊपर य का चिन्ह है।

पय, बय, तय, दय, चय, जय, कय, गय, रय, डय, वय, हय,

३– छोटा अंकुश वक्राक्षर के अन्त में 'न' का चिन्ह है-

यन, टन, डम, सन, स्वन, शन, ध्वन, मन, नन, लन, अरन, अड़न

४– न और य के अंकुशों को शब्द के मध्य में भी लिख सकते हैं,

यदि उनकी मिलावट सुगम एवम स्पष्ट हो। जैसेः-

मान्तीय   बांदा   गुह्यक   यद्यपि

५- इसी तरह कभी २ दो मध्यवर्ती अंकुश मिला दिये जाते हैं।
जैसेः- कनफटा   रणप्रिय   फणिमणि

६- भ्रम दूर करने के लिये आवश्यक शब्दों में न, य का पूर्ण रूप लिखकर मात्रा लगा देते हैं। जैसे-

सामान   सामना   विजय   विजयी

७- बहुतसे शब्दों के अन्त में य आता है उसे साधारण य अंकुश से लिखकर पढ़ लेते हैं। जैसेः- हत्या   विद्या

भ्रम निवारण के लिये स्थान मात्रा का उपयोग करते हैं जिसका वर्णन आगे किया जावेगा।

८- संयुक्ताक्षरों के सीधे और उल्टे रूप इस प्रकार हैं:-

श्ल श्ल श्न श्न श्र श्ट ल्न वल

श्ल दो प्रकार से लिखा जाता और इसका एक रूप श्ट से मिलता (पृष्ठ५४) श्न जब उल्टा लिखा जाता है तो श्र या वल कासा रूप हो जाता है जैसे नल्लो   इसलिये उचित है कि इन संयुक्ताक्षरों का प्रयोग दूसरे अक्षरों से मिलाते हुए किया जाये अकेले न किया जाये नहीं तो पढ़ना कठिन हो जायगा। मारश्ल   नाविल

अभ्यास ४७

१

२

३

४

५

अभ्यास ४८

दीवाना, राना, चिकना, चीनी, जप, पानी, टांग, डंक, पूना, प्रिय कर्म क्षय, सन्धता, अनिर्वचनीय, आद्य, दैत्य, सामान, औसत, असत्यता, यूनान, जलन, सहन, मुंडन, पलन, बदन, उद्योग, ध्यान, बयान, मचान, दूकान, सूर्य्य, मगन, मार्ग, साधन, स्वय, अवश्य काव्यों कार्य, सौभाग्य, महीन, मृत्यु, चौहान, कौन अध्याय, चीन, दीन, योग्य अयान, अतुलनीय, द्वितीय, स्वच्छ, सामान्य, श्यामवर्ण, सत्य, नयन, साधारण

वृत्त और अन्तिम अंकुश की मिलावट

रेखाक्षरें में न अंकुश के साथ वृत्त स श वृत्त स्व ज तथा अण्डाकार स्त स्तर इस तरह मिलाये जाते हैं कि उसी तरफ़ अंकुश के स्थान पर वृत्त या अण्डाकार बना देते हैं। जैसे:—

पांस, फांस, बांस, तांस, थंस, जिन्स, कंस, चांस, लांसेंस, ड़ं, कुंज, गूंज, रंज

दो अक्षरों के मध्य में नकार वृत्त से इङ्गित नहीं हो सकता। जैसे नस्क यह नंस्क नहीं है। इसलिये जब नस, नश शब्द के मध्य में होतो दोनों अक्षरों के स्पष्ट चिन्ह लिखे जाते हैं। जैसे:—

धनसुख विनाशक कंसराज वंशमौलि

छोटा वृत्त स श वक्राक्षरों में न अंकुश के साथ और रेखाक्षरों में य अंकुश के साथ इस तरह लिखा जाता है कि अंकुश के भीतर वृत्त को लिखते हैं

ड्रांस, ठांस, कार्य से जयसे लंस इंसेंस दया से

सन, श्न, जन, लिखने के लिये वृत्त, स, श, ज को अक्षर पर पूरा

पूरा करके दूसरी तरफ़ बढ़ाकर एक छोटा सा अंकुश बना देते हैं। जैसे
तनसन नसबन आमरा नेशन भजन
यदि स की कोई मुख्य मात्रा लिखने की आवश्यकता पड़ जाय तो
आ ई ऊ की मात्राऐं अंकुश के बाहिर तथा ए ओ की मात्राऐं
अंकुश के भीतर लिखो। जैसे:—
परसों कोशिशें अवसान
स वृत्त इस 'शन' अंकुश के साथ फिर इस प्रकार मिलाया जा सकता है। जैसे:— कोशिशोंसे परसोंसे नरसोंसे

अभ्यास ४९

१
२
३
४

अभ्यास ५०

१ हवशियों, नुकसान, तरसें, नसें, फांसें, घुसें, परेशान, बहसों
२ से, परसों, सरसों, तराशों, खवासें, आज़माइशें, जुम्बिशें,
३ कलसों, मोसों, पीलो ब्या, मजासों, तुमसों, हमसों, बतासों
४ शिवसों, शिवासों, हतासों से, कितसूं, दरसें, तरसें, श्यामसों

ऊर्ध्वगामी व अधोगामी ल

जब एक शब्द कई प्रकार से लिखा जा सकता हो तो विद्यार्थी को उचित है कि उस आकृति को चुने जिसका प्रवाह सुगम हो व जिस पर मात्राऐं स्पष्टता से लगाई जा सकें। इसी आशय को लेकर आगामी दो प्रकरण लिखे गये हैं:

(१) जब किसी शब्द में केवल एक अक्षर ल हो तो ऊर्ध्वगामी लिखा जाता है जैसे:— ला आलू साल लेखा

(२) जब शब्द के प्रारम्भ में ल आवे तो साधारणतः ऊर्ध्वगामी लिखा जाता है। जैसेः—

लेप लड्डू लाश लगान लाया

(३) निम्न लिखित दशाओं में अधोगामी ल लिखा जाता है:—

(क) जब ल के पहिले कोई स्वर हो और बाद में कोई अग्रगामी अक्षर हो जिसके सिरे पर अंकुश न लगा हो। जैसेः— उल्का अलम्

(ख) जब ल के पश्चात् कोई वक्राक्षर वृत्त सहित आवे तो ल का प्रवाह वृत्तवक्राक्षर का प्रवाह होगा। जैसेः—

आलस्य लेसन लोशन लजानी

(४) जब किसी शब्द के अन्त में ल आवे तो साधारणतः ऊपर की ओर लिखा जाता है। जैसेः- माल अपील गोला

(५) स क य ट ड र व ह (ऊर्ध्वगामी के पश्चात् यदि ल पर कोई मात्रा न हो तो अधोगामी और यदि मात्रा लगी हो तो ऊर्ध्वगामी लिखा जायगा। जैसेः—

शकील शुक्ला प्याल प्याला टाल्न
ढीला डाल डाली राल रेला
दीवाल दिवाली हाल हेला

(६) न ङ के बाद ल को नीचे की ओर लिखते हैं। जैसेः—

अंगुल नीला नील

(७) जब किसी वक्राक्षर के अन्त में वृत्त हो और उसके बाद ल आवे तो वृत की सीध में लिखा जावेगा। जैसेः— मशगल नमल

(८) जब किसी शब्द के मध्य में ल आवे तो साधारणतः ऊर्ध्वगामी लिखना चाहिये परन्तु यदि सुगम आकृति बनती हो तो अधोगामी भी लिख सकते हैं। जैसेः -

गलेफ़ नीलाद गुलाम नीलाम

अभ्यास ५१

१
२
३
४

अभ्यास ५२

१ लाज, आला, लोचन, सुडौल, लचीला, नहूसाली, नीलगाय
२ जंगली, सवाल, लाठी, लक्ष, लपसी, आलाप, लेसन्सी
३ लाख, अलग, फली, गली, चील, डाली, टोली, बोली, ख्वाब-
४ लम्ब, दानियाल, पलंग, मलंग, आलोक, दलीप, शिवलिङ्ग
५ नैलसन, मलंगा, अनल, बलपट मराल, सुसराल, रूमाल।

ऊर्ध्वगामी व अधोगामी र्‌ है

१- जब किसी शब्द में केवल र् ब्रह्माक्षर हो तो (क) यदि प्रारम्भ में वृत्त वा अण्डाकार नहीं लगा और पूर्व में कोई स्वर है तो अधोगामी रूप और यदि स्वर न हो तो ऊर्ध्वगामी रूप लिखा जायगा। जैसे:-

और आर औरस रोध

अर्थात् प्रारम्भिक अधोगामी र् से साधारणतः समझा जाता है कि उससे पूर्व कोई स्वर है और प्रारम्भिक ऊर्ध्वगामी र् से समझा जाता है कि शब्द का प्रारम्भ र् ही से हुआ है।

(ख) जब प्रारम्भ में वृत्त वा अण्डाकार लगा हो और बाद में स्वर न आवे तो अधोगामी रूप और यदि स्वर आवे तो ऊर्ध्वगामी रूप लिखा जायगा। जैसे:-सोर सारा अस्तर स्त्री

शरता सिरान

(२) जब किसी आकृति में र् पहिला ब्रह्माक्षर हो।

(क) यदि आरम्भ में स्वर हो तो अधोगामी रूप और यदि आरम्भ में स्वर न हो तो ऊर्ध्वगामी रूप लिखा जाता है। जैसे:—

अरबी रौब ओढ़नी रानी

(ख) यदि आकृति बेढंगी बनती हो तो निम्न लिखित नियमों का पालन करना उचित है और

प्रारम्भिक र के नियम लागू न होंगे।

(अ) त, द, च, ज, ट, ड, थ, कल, गल, ख ज्ञ के पहिले हमेशा ऊर्ध्वगामी र लिखो। जैसे:— आरत रात उर्द

रिद्ध अर्चना रचना अरजी राज़ी

आरारोट रोटी अरबी रवि अरगल

रोगिल अरक्षित रक्षा

(आ) म के पूर्व हमेशा अधोगामी र लिखो। जैसे:—

आराम राम श्रीमान शिरोमणि

(२) जब किसी शब्द में अन्तिम व्यञ्जनाक्षर र हो।

(क) यदि र के पश्चात् स्वर न हो तो अधोगामी रूप और यदि स्वर हो तो ऊर्ध्वगामी रूप लिखा जायगा। जैसे:—

बार बोरा कीर कोरी

(ख) दो अधोगामी व्यञ्जनाक्षरों के पश्चात् र का ऊर्ध्वगामी रूप लिखा जायगा। जैसे:—

परपरि बापरे

(ग) यदि आकृति बेढंगी बनती हो तो निम्न लिखित नियमों का पालन करना उचित है।

अन्तिम र के नियम लागू न होंगे

(अ) अकेले ऊर्ध्वगामी रेखाक्षर के पश्चात् हमेशा ऊर्ध्वगामी र लिखा जायगा। जैसे:— राव बार

यदि किसी ऊर्ध्वगामी रेखाक्षर के पश्चात् दो र् लगातार आवें तो इस प्रकार लिखे जावेंगे। जैसे:— हरीरा

(आ) इन आकृतियों के बाद हमेशा ऊर्ध्वगामी र लिखो।

(क) जब किसी वक्राक्षर के अन्त में हुक लगा हो। जैसे

(ख) जब किसी ऊर्ध्वगामी तथा अधोगामी रेखाक्षर के अन्त में हुक लगा हो। जैसे:— अशरहे निस्सार टसर रासरंग केशर

(४) जब र पर अन्तिम अंकुश लगा हो और किसी दूसरे अक्षराक्षर के पश्चात् आवे तो साधारणतः ऊर्ध्वगामी लिखा जाता है। जैसे:— पूरन करन कार्य्य

(५) जबकि शब्द के मध्य में र आवे तो साधारणतः ऊर्ध्वगामी लिखा जाता है लेकिन सुगम आकृति बनाने के लिये कोई सा भी रूप लिख सकते हैं। जैसे.— बुड़की बरसाना तैरैया मरोगी झार्के अक्षरासस अयिराम

अभ्यास ५३

१

२

३

४

५

अभ्यास ५४

१ आरी, रो उर्स, रूस, आर्य्य, ओरिश, सरेस, आरन, यर वदा

२ रामनारायण, क्रूर, कौड़ी, राय, रूह, राज, रूरा, वीर, लड़का

३ लड़ाका, आड़ू, उड़ीसा, अर्जुन, उजाड़, अनार, चर्चा, लड़ी,

४ राना, औरङ्ग, परली, भेड़, हरे, ताड़, इशारा, बेड़ा, क्यारी।

ट अंकुश

(१) किसी वृत्ताक्षर के अन्त में बड़ा अंकुश ट ड का चिन्ह है यह अंकुश वक्राक्षरों के अन्दर की तरफ़ लिखा जाता है जैसे:-

नट डाट मार लोट

(२) सीधे रेखाक्षरों के साथ ट अंकुश लगाने के नियम नीचे दिये जाते हैं आशय यह है रेखाक्षर की आकृति टेढ़ी न होने पावे:—

(क) यदि किसी अकेले रेखाक्षर का प्रारम्भिक सिरा ख़ाली है और अन्त में मात्रा है तो मात्रा के दूसरी ओर ट अंकुश बनाया जायगा जिससे मात्रा के लगाने में सुविधा हो। जैसे:—पीट कीट

(ख) जब किसी रेखाक्षर के प्रारम्भिक सिर पर अंकुश, वृत्त अथवा अण्डाकार हो तो ट अंकुश को दूसरी तरफ़ बनाना चाहिये। जैसे:—

क्रीट सपाट

(ग) जब य अथवा ल (ऊर्ध्व) क अथवा ग के पूर्व आवें तो ट अंकुश य और ल के दूसरी ओर बनाया जायगा। जैसे:—लुकाट

(घ) त, द, च, ज के बाद ट अंकुश हमेशा दाहिनी तरफ़ ही लिखा जायगा अन्तिम मात्रा का कोई ख़याल न किया जायगा। जैसे:—

तट चोट चोट उचाट उजड़ नाट

(३) इस बड़े अंकुश का उपयोग शब्द के मध्य में भी किया जा सकता है यदि सुगम और स्पष्ट रूप से मिलावट में आ सके। जैसे:—

चट्टान छटांक खिटकिरी

(४) इस अंकुश के अन्दर वृत्त स मिलाया जा सकता है। जैसे:—

डाटसे नटसे

(५) जब किसी शब्द के अन्त में ट, ड आवे और उसके ऊपर मात्रा हो तो पूर्ण रूप लिखा जायगा अंकुश का प्रयोग न होगा जैसे:—

डण्ड डन्डा मुन्ड मन्डी

चिमट चिमटा लंगोट लंगोटी

(६) ठ, ढ के लिये भी इसी अंकुश का प्रयोग किया जाता है। जैसेः-

मोठ पीठ ठठेरा गठरी

(७) जब ट ड किसी शब्द के आरम्भ में या मध्य में ऐसे मौके से आवे कि आकृति बेढंगी बननी हो तो शब्द के टुकड़े करके लिख देना चाहिये। जैसेः— डूबना टपकना नटशाला

अभ्यास ५५

१

२

३

४

अभ्यास ५६

१ झटपट, चिट्ठी, डन्ठल, डरपोक, डंका, डिप्टी, संडा, मुसटंडा

२ सजावट, डोकरा, बेडर, बेढब, टपकना, टिकट, नीलकंठ

३ सरपट, ढोल, टोपी, ठमरी टक्कर, ठन्डक, मन्डा, गुड्डा, चपटा

४ चुटिया, अटकल, कण्ठ दण्ड मकट ईंट, चौकड, चौखट, चुटकी

व तथा य के छोटे चिन्हों का उपयोग

बहुतसे शब्दों में यदि व य के पूर्ण रूप लिखे जांय तो आकृति बेढंगी होजाती है इसलिये छोटे चिन्हों का उपयोग किया जाता है।

उपयोग के नियम इस प्रकार हैं

(१) मात्रा की तरह किसी व्यञ्जनाक्षर के दूसरे स्थान पर चिन्ह बना देने से व, य पढ़ा जाता है। जैसेः—

महादेव शकुन्तल भाग्यवान दीपयमण

(२) वँ चिन्ह को

के आरम्भ में इसतरह मिलाते हैं। जैसेः–

वाक्   वीर   वरी   पवित्र

विचार   सर्वेश्वर   विमल   विम्ब

परन्तु यदि व के पूर्व कोई स्वर आजावे तो इस चिन्ह को न लिखा जा- यगा अन्यथा पढ़ना कठिन हो जायगा। जैसेः—

अवाक्   अविकार

(३) व चिन्ह को शब्द के मध्य में इस प्रकार मिलाते हैं। जैसेः—

दिवाली   महावीर

(४) वक्राक्षर म, जे के अन्त में व चिन्ह को इस प्रकार मिलादेते हैं यह मिलावट वत चिन्ह की मिलावट से भिन्न है। जैसेः—

सम्भव   मिलाव   सभावत   मिलावत

(५) वक्राक्षर न, ङ, ल के अन्त में य चिन्ह को इस प्रकार मिलाते हैं यह मिलावट आदि तथा वत चिन्ह की मिलावट से भिन्न है। जैसेः—

आलय   मनावत   मँगावत

नाई   मँगाय

(६) य चिन्ह को कहीं २ शब्द के मध्य में भी लिखते हैं। जैसेः—

धन्यस्वामी

अभ्यास ५७

१

२

३

४

अभ्यास ५८

१ अकथनीय, आन्दनीय, किरातार्जुनीय, शंख ध्वनि, हिकायत

२ निहायत, सड़ियल, बनाव, कटाव, आनन्द, शिकायत, स्वा-

३ ध्याय, मनुष्यत्व, चाटियल, महावती, अदावती

अर्ध प्रयोग (प्रथम खंड)

हिन्दी शब्दों में त, थ, द, ध बहुतायत से आते हैं इनके लिखने से आकृति बहुधा कठिन और बिढ़ंगी हो जाती है इस लिये इन अक्षरों को सुगमता से प्रगट करने के लिये निम्न लिखित नियम बनाये गये हैं।

(१) यदि किसी पतले ब्रह्माक्षर को जो शब्द में अकेला ही हो उसकी साधारण लम्बाई से आधा लिखें तो समझा जायगा कि उसके साथ त अथवा थ जोड़ दिया गया है। जैसे:—

आप आपत उमा मथ हा

हाथ सूप प्रापित शत्रु शत्रुतासे

(२) यदि किसी मोटे ब्रह्माक्षर को जो शब्द में अकेला ही हो उसकी साधारण लम्बाई से आधा लिखें तो समझा जायगा कि उसके साथ द अथवा ध जोड़ दिया गया है। जैसे:—

ऊदा दाद दूध ऊब बाद

अबुध स्वा स्वाद सन शब्द

अग्र गृद्ध गृद्धसे स्वागत स्वागतसे

शीघ्र शीघ्रता शीघ्रतासे

(३) स्वर तो मूल अक्षर के पूर्व या पश्चात् जहाँ लगा हो उसी प्रकार पढ़ा जाता है। जैसे:— आगी गीत अत्याचार

क्रांति शाकर सुकृत

परन्तु से हल अर्द्धाक्षर के अन्त में सब से पीछे पढ़ा जाता है। जैसे:—

गीत गीतसे शत्रु शत्रुतासे

(४) निम्न लिखित दशाओं में ब्रह्माक्षरों का आधा करने से त, थ, द, ध चारों पढ़े जा सकते हैं:—

(क) जब शब्द में एक से अधिक खंड हों। जैसे:—

किस्मत   मन्मथ   राजमद   अश्वमेध

दामाद   मधुकैटभ   पंचायत   वानरयूथ

बुनियाद   द्वंदयुद्ध

(ख) जबकि शब्द के अन्त में अंकुश हो। जैसे:—रमाकान्त

सद ग्रन्थ   शिर्मीकन्द   दशनस्कंध   दशस्कंध

(५) जब किसी शब्द के अन्त में त थ द ध आवें और उनपर कोई आवश्यक मात्रा लगी हो अथवा अर्द्ध प्रयोग से कुछ का कुछ पढ़ जाने का भय हो तो पूरा लिखो आधा न करो। जैसे:—

पात   पीता   बन्द   बन्दा

नाथ   नाता   मौत   मोती

तान   तोता   सुकृत   सुकृती

(६) जब त द से पूर्व कोई त्रिस्वर आजावे तो पूरे अक्षर लिखो आधा न करो। जैसे:- कहादुयत   बुलादुयत

(७) जब किसी शब्द में केवल ह व्यक्षर हो तो अर्ध प्रयोग करते समय ऊर्ध्वगामी रूप का व्यवहार करना चाहिये चाहे उसके अंत में अंकुश अथवा वृत्त हो वा न हो। जैसे:—

हित   हितसे   हिन्द   हिन्दसे   हयात   हयातसे

(८) जब किसी शब्द में ऊर्ध्वगामी र अकेला हो अथवा उसके अन्त में सं वृत्त हो तो आधा न करना चाहिये क्योंकि तो कत की के का चिन्ह है और कासी, कीसी, केसी का चिन्ह है पढ़ने में भ्रम होगा ऐसी दशा में पूरे २ शब्द लिखना उचित है। जैसे:—

रात   रातसे   परन्तु ऐसे रूप अवश्य ही लिखे जायगे जैसे

रैयत   रैयतसे   अरिन्दसो

अभ्यास ६०

१

२

३

४

५

६

७

८

अभ्यास ६१

१ पात, रातसे, रीति, हाथ, ध्यायेत, वेदी, बोरा, माता से, दाद

२ दादा, दादा से, साधुन से, उत्थान, अभ्युत्थान, परमात्मा,

३ ऋषि प्रणीत, श्रुति, आचार्य, विद्वान, संशोधित, विचरत,

४ विचारार्थ, जातिगत, प्रस्तुत, प्रतिनिधि, भयभीत, महाक्रो-

५ धित, शारङ्ग धनुषधारी, बृहस्पति, भक्त, विद्वान, परमात्मा

६ परमात्मदेव, समर्थ, व्यथित, कुरूप, कुरूपता, विज्ञप्ति,

७ साक्षात, प्रयत्न, पश्चात, क्रोध, महात्मा, पृथ्वी, गोविन्द,

८ नम्र, नम्रता, शाक्त, शक्ति, प्रसाद, उछाल, प्रागेत्तता, व्यापकता

अर्ध प्रयोग (द्वितीय खंड)

१ चार ब्रह्माक्षर म, न, ल और र कि जिन्हें त या द जोड़ने के लिये आधा किया जाता है यदि आधा न करें और लिख दिये जांय तो द, ध जुड़ जाता है। जैसे:— आमद निमद नद नाद लद (अधोगामी) पलीद अरद उरद इसीलिये इम्प ड लब बआड़ पर जब अकेले हों अर्ध प्रयोग नहीं लगाया जाता।

(२) लद जब अकेला आवे तब इसपर वृत्त अण्डाकार अंकुश अथवा हे नाद नहीं जोड़े जाते जैसे शिलाद स्थलादि

(३) अरद चिन्ह में जब कियद अकेला हो वृत्तादिक जोड़ जा सकते हैं। जैसेः— शरद स्वरद हृद हृदसे

(४) लत को न, ङ, व के पश्चात अधोगामी लिखते हैं। जैसेः—
मनलेत शृंखलित धवलित लवालत

(५) जब किसी शब्द के अन्त में नत्त, नद हो तो न के पूर्वगामी व्यंजन को आधा करके न का अंकुश लगाओ। जैसेः—
दुष्यन्त समंत तांत दांत
परन्तु यदि न और त के बीच में कोई आवश्यक स्वर हो तो पूरा लिखा जायगा। जैसेः— मानत महानद

(६) दो अर्धाकार अक्षरों को अथवा एक पूरे व दूसरे आधे अक्षर को एक दूसरे के साथ न जोड़ना चाहिये जब तक कि उन दोनों के जोड़ से कोण न बनता हो जैसे प्रभात लिखने के लिये और को न जोड़ना चाहिये किन्तु ऐसी दशा में पृथक २ लिखो अथवा पूरा लिखो आधा न करो। जैसेः— पीतपट हकीकत
नतमस्तक मानत तादाद परन्तु जिन दशाओं में जोड़ स्पष्ट हो तो पूरे और आधे अक्षर मिलाये जा सकते हैं। जैसेः—
मधुसूदन पनिन

(७) [illegible] किया जावे तो शब्द को इस क्रम से पढ़ना चाहिये:—

(क) प्रारम्भिक वृत्त को सब से पहिले पढ़ो।

(ख) फिर व्यंजन को प्रारम्भिक अंकुश [illegible] हो।

(ग) फिर अन्तिम अंकुश को।

(घ) फिर त थ द ध को जो कि अर्ध प्रयोग से उत्पन्न हुए हैं।

(ङ) फिर अन्तिम वृत्त को यदि कोई हो।

जैसे:— ४ सप्रनतस को प्रगट करता है

७ तयतस को प्रगट करता है

८ सपतस को प्रगट करता है

९ सपन्तस को प्रगट करता है

अभ्यास ६२

अभ्यास ६३

१ बाद, लौंद, गंदगी, पन्थ, दिग्भ्रवर्लित, बिहारशीलता,

२ धन्यवाद, स्वभावतः, अनुमति, निमित्त, युक्त, शकरकन्द,

३ नन्दनवन, माधुर्त्व, मुख्यतः, उचित, चिन्ता, अन्यथा, लंदन

४ पर्यन्तः ओत प्रोत, संकेत, अन्तर्भूत, आलिन, सकुन्तिन

५ हिफाजत, अदालत, अलालत, नौबत, मेहनत, रंगत, संगत

६ लागत, अनागत, अतिरिक्त, रक्तपात, कौलिन्द, गयन्द, स्कंद

द्विगुण-प्रयोग

किसी रेखाक्षर को उसकी साधारण लम्बाई से दूना लिखना द्विगुण-प्रयोग कहलाता है।

(१) यदि किसी आकृति को उसके दूने आकार के बराबर बनाया जावे तो यह समझा जायगा कि उसके साथ तर, दर, थर, तोर, थोर, दार, आर मिलाया गया है। जैसे:— अधिकतर

सुन्दर   विद्याधर   लगातार

कंचनथार पक्केदार मूसलधार

(२) केवल उन सीधे रेखाक्षरों पर द्विगुण प्रयोग लगाया जाता है जो दूसरे अक्षरों के पश्चात् आवें अथवा जिन पर हुक वा अंकुश लगा हो। जैसे:- चौकीदार स्वतंत्र सूबेदार बन्दर

(३) इस चिन्ह को दूना करने से म्बर या म्बर हो जाता है। जैसे:- दिसम्बर कुसमपर

(४) ङ को दुगुणा करने से ङ्कर, ङ्गर हो जाता है। जैसे:- शंकर कंकर रंगकर

(५) जब किसी शब्द के अन्त में स्वर हो और स्वर से पहिले तर, दर दार इत्यादि हों तो द्विगुण प्रयोग का व्यवहार न होगा। जैसे:- गायत्री बजन्त्री

अभ्यास ६४

१

२

३

४

५

अभ्यास ६५

१ जमादार, सुधार, थानेदार, इन्द्र, मात्र, गिरीदार, शास्त्र,

२ भवनगात्र, जानदार, स्वयम्बर, नम्बर, क्रमपर, अंगर, शंकर

३ जानकार, नगकार, अहंकार, तोड़ेदार, दुकानदार, सिमथर

४ मुछन्दर, दफ़्तरी, माथुर, मालदार, पहिरेदार, बफ़ादार।

प्रारम्भिक विशेष चिन्ह प्रयोग

कुछ साधारण शब्दों की आकृति लम्बी होने के कारण देर में लिखी जाती हैं उनको शीघ्रता से लिखने के लिये निम्न लिखित

विशेष चिन्ह नियत किये जाते हैं:—

(१) श्री, सर, सर्व, शेख के लिये एक छोटा वृत्त अलहदा लिखना चाहिये लेकिन जहाँ बनावट आसान हो वहाँ पूरा लिखो। जैसे:—

श्रीगोखले सरकानजी सर्वाहितकारी
सरकार शेख सलीम

कहीं २ आसानी के लिये इस वृत्त को मिला भी देते हैं। जैसे:—

श्रीराम श्री शुकदेवजी बोले
श्री कृष्णदत्त श्री शंकर जी

इसी प्रकार श्रीयुत के लिये श्रीमान के लिये
श्रीमती के लिये चिन्ह नियत किये गये हैं।

(२) स्वामी, शिव के लिये बड़ा वृत्त मिलाकर अथवा पृथक जैसे उचित मालूम हो लिखा जाता है। जैसे:—

स्वामी सत्यानन्द स्वामी दर्शनानंद
शिवगोपाल शिवशर्मा

सैय्यद के लिये भी इसी बड़े वृत्त को लिख सक्ते हैं। जैसे:—
सैय्यद इश्तियाक़अली

(३) बे के लिये शब्द के पहले एक बिन्दु इस प्रकार लगा दिया जाता है। जैसे:— बेदौलत बेजिन्स

(४) अखिल व अहिल के लिये ल मिलाकर अथवा पृथक लिखा जाता है। जैसे:— अखिलभारतवर्षीय अहिलहिन्द

(५) महाराजा के लिये म लिखा जाता है। जैसे:— महाराजा उदैसिंहजी

निम्न लिखित उदाहरणों से कुछ पूर्व-शब्द-खंडों के रूप विदित होंगे:—

प्रति	प्रतिदिन		प्रतिपल		प्रत्यक्ष	
यथा	यथाशक्ति		यथाक्रम		यथासंभव	

निः	निःसंदेह	निर्भय	निश्शंक
अन	अनजाने	अनपूछे	अनगैरी
हर	हररोज़	हरसाल	हरवक़्त
बे	बेकार	बेशक	बेहद
अति	अतिरिक्त	अतिकाल	अतिवृष्टि
अधि	अधिकार	अधिकरण	अधियोग
कम	कमज़ोर	कमबख़्त	कमक़ीमत
ख़ुश	ख़ुशबू	ख़ुशदिल	ख़ुशक़िस्मत
ग़ैर	ग़ैरमुल्क	ग़ैरहाज़िर	ग़ैरशख़्स
ना	नाराज़	नापसंद	नालायक़
बद	बदमाश	बदबू	बदनाम
बा	बाज़ाब्ता	बाक़ायदा	बातमीज़
मुहम्मद	मुहम्मदबख़्श	मुहम्मदहुसेन	मुहम्मदसद्दीक़
प्रोफ़ेसर	प्रोफ़ेसरदत्त	प्रोफ़ेसरनाग	प्रोफ़ेसरहू

इनके अतिरिक्त कुछ साधारण पूर्व-शब्द-खंडों के चिन्ह यह हैं:—

पूज्यपाद देशभक्त परमपूज्य आर्य्यवीर

रायबहादुर परमहंस परिव्राजकाचार्य्य

ख़ानबहादुर

अभ्यास ६६

१

२

३

४

अभ्यास ६७

१ सरदार, सरताज, सरपंच, श्रीबाजपेईजी, सय्यद अशफ़ाक़अली

शिवप्रताप, बदनलास, बदस्तूर, अहिल इसलाम, महाराजाहरिश्चंद्र
बेफ़ायदा, अतिशय, अधिराज, कम्मक्कू, नाचार, बदतर, बारम्बार
बेईमान, बेजोड़, बेखटके, हरकाम, हरदिन, हरकोई, प्रतिकूल
मुहम्मदजान, ओंकेश्वराभमूर्ति।

अन्तिम विशेषचिन्ह प्रयोग

(१) वाल वाला वाली वाले का चिन्ह है। वालों वालियों का चिन्ह है। जैसे:-
गयावाल पालनेवाले बोलनेवालोंसे

(२) खां खाना के लिये शब्द के नीचे लिख देते हैं। जैसे:-
करीमखां दवाखाना

(३) छोटा वृत्त शब्द के अन्त में साहब, शास्त्री, इसलाम, इसलामियां को प्रगट करता है। जैसे:- बुलसाहब
देवदत्तशास्त्री दुनियायइसलाम अंजुमनइसलामियां

(४) बड़ा वृत्त शब्द के अन्त में जी, बाज़, बाज़ी को प्रगट करता है
जैसे:- सीतारामजी श्रीहरिजी महन्तजी
आतिशबाज़ लड्डूबाज़ी
जीमहाराजके लिये लिख देते हैं। जैसे:- महन्तजीमहाराज

(५) बहादुर के लिये द्विगुण प्रयोग का व्यवहार किया जाता है
जैसे:- राय पंडित चक्रधर जयाल बहादुर
राय सीताराम बहादुर

कुछ उत्तर-शब्द-खण्डों के रूप निम्न लिखित उदाहरणों से विदित होंगे -

पूर्वक	आनन्दपूर्वक	प्रेमपूर्वक	नीतिपूर्वक
आलय	भोजनालय	कार्यालय	विद्यालय
सागर	महासागर	गंगासागर	विद्यासागर

लाल	रामलाल	श्यामलाल	मोहनलाल
प्रसाद, परशाद	देवीप्रसाद	रामपरशाद	शिवप्रसाद
दत्त	शिवदत्त	रामदत्त	विश्नुदत्त
सिंह	रामसिंह	हरीसिंह	श्यामसिंह
अर्थ	हितार्थ	पालनार्थ	परमार्थ
आसन	कुशासन	दुश्शासन	वीरासन
अभ्यास	विद्याभ्यास	नृत्याभ्यास	नित्याभ्यास
आशय	महाशय	जलाशय	कृपाशय
इन्द्र	गिरीन्द्र	सुरेन्द्र	देवेन्द्र
ईश्वर	कपीश्वर	परमेश्वर	रामेश्वर
ऐश्वर्य	महैश्वर्य	देवैश्वर्य	मासैश्वर्य
ईश	जानकीश	वागीश	कपीश
ऋषि	सप्तर्षि	महर्षि	देवर्षि
उदय	भानूदय	गुरूदय	यशोदय
उत्सव	वार्षिकोत्सव	महोत्सव	होलिकोत्सव
उपकार	परोपकार	धर्मोपकार	जनोपकार
अर्पण	समर्पण	कृपार्पण	देवार्पण
आगम	समागम	वर्षागम	अनागम
उचित	अनुचित	समुचित	धर्मोचित
आगत	स्वागत	जनागत	द्रव्यागत
आनंद	महानन्द	अधिकानन्द	सदानन्द
आनन	दशानन	सहस्रानन	चतुरानन
भक्ति	देशभक्ति	देवभक्ति	प्रेमभक्ति
शास्त्र	सच्छास्त्र	मंत्रशास्त्र	तंत्रशास्त्र
नाथ	गोपीनाथ	दीनानाथ	जगन्नाथ

वतार	धर्मावतार	रामावतार	देवावतार
अन्तर	रूपान्तर	अकारान्तर	निरन्तर
ष्टता	स्पष्टता	पुष्टता	क्लिष्टता
वाद	अपवाद	विवाद	अनुवाद
ग्रस्थ	मायाग्रस्थ	नीतिग्रस्थ	रोगग्रस्थ
विषय	[illegible]	प्रेमविषय	नीतिविषय
युक्त	उपयुक्त	प्रेमयुक्त	नीतियुक्त
वान	गुणवान	धनवान	बलवान
भय	अलभय	धर्मभय	प्रेमभय

नोटः— मिलावट में इस चिन्ह से वन् का भ्रम नहीं होता।

वन्त	जसवन्त	[illegible]	धनवन्त
मुक्त	जीवनमुक्त	[illegible]	[illegible]मुक्त
च्युत	धर्मच्युत	पदच्युत	कर्त्तव्यच्युत
कृत	जनकृत	देवकृत	तुलसीकृत
अनुसार	कर्मानुसार	धर्मानुसार	रीत्यानुसार
शाला	धर्मशाला	गोशाला	पाठशाला
योग्य	दानयोग्य	ध्यानयोग्य	आदरयोग्य
गति	अधोगति	[illegible]	दुर्गति
शहर	बुलन्दशहर	[illegible]	[illegible]शहर
बाधा	सिलबाधा	[illegible]	[illegible]
या	कृपया	उपकारतया	विशेषतया

इनके अतिरिक्त कुछ [illegible] शब्द [illegible] के चिन्ह यह हैं:—

सरस्वती	[illegible]
सरस्वतीजी	महासभा
सरस्वतीजीमहाराज	दम्पती

अभ्यास ६८

१
२
३
४
५
६
७

अभ्यास ६९

१ प्रयागवाल, टोपीवाला, मुरादखां, शफ़ाख़ाना, ग्रेसाहब
२ रामप्रसाद शास्त्री, मुमलिकते इसलाम, ममालिकइसलामियं
३ पन्नालालजी, लहबाज़, भोजदत्तजी महाराज, राय पंडित-
४ रामनारायन बहादुर, ध्यानपूर्वक, दयापूर्वक, पुस्तकालय
५ क्षीरसागर, चुन्नीलाल, जमनाप्रसाद, गुरदत्त, बिजैसिंह
६ धर्मार्थ, परमासन गाढ्नाभ्यास, अनिशाय, नृपेन्द्र
७ जगतेश्वर, पतितैश्वर्य, महीष, ब्रह्मर्षि, चन्द्रोदय, विवा-
८ होत्सव, विधवोपकार, भूतार्पण, ऋत्वागम, न्यायोचित
९ जनागत, प्रेमानन्द, षडानन, मातृभक्ति, सांख्यशास्त्र
१० राजनाथ, मच्छावनार, देशान्तर, अनस्पष्टता, अर्थवाद
११ जालग्रस्थ, ख्याति विषय, धनयुक्त, रूपवान, आनंदमय
१२ दयावन्त, आवागमन मुक्त, न्यायच्युत, मनुष्य कृत, शक्-
१३ त्यानुसार, पाकशाला, बिनाआयोग्य, सुगति, फ़ीरोज़शाहर
१४ दिलवाया, फुसलाया, अनुमानतया, वायुगति, दुशाला।

कुछ और उपयोगी चिन्ह

इस विद्या में लिखते समय निम्न लिखित चिन्हों का उपयोग

विशेष लाभदायक होगा:—

× वाक्य की समाप्ति का चिन्ह है इसको लिख देने से किसी विषय के समझने में बड़ी सुगमता हो जाती है।

— कहावतों अथवा प्रसिद्ध किम्बदन्तियों को पूरा लिखने की आवश्यकता नहीं है यदि वह लेखक को याद हों कुछ शब्द आदि और अन्त के लिखकर मध्य में इस प्रकार एक रेखा खींच देना चाहिये।

—— टेक या और ऐसे ही शब्द जो बार बार आते हों उनका एक ही दफ़ा लिखना काफ़ी है जब दुबारा आवें तो एक लम्बी लकीर बना देना चाहिये।

१....९ अंकों को साधारणतः लिखकर सौ के लिये) हज़ार के लिये लाख के लिये करोड़ के लिये इत्यादि चिन्ह लिख देना चाहिये। जैसे:—

तेईस करोड़ २३ चार हज़ार ४

( ) सभाओं में श्रोता ध्वनि को ब्रेकिट में इस तरह लिख देना चाहिये। सुनो २ ( ) ( ) हर्षध्वनि ( ) वाह २ ( )

" नाम के नीचे यह चिन्ह बना देना चाहिये। जैसे:— हरशंकर

स्थान-मात्रा

मात्रा को लिखने के बजाय शब्द को केवल स्थान—विशेष पर लिखकर मात्रा को पढ़ लेना स्थान—मात्रा लगाना कहा जाता है जल्दी लिखने में मात्राओं का लगाना असंभव है इस लिये इस प्रणाली में केवल बुद्धिबल से बिना मात्रा लगाये हुए और कभी

कभी ख, घ, छ, झ, ह, ढ, थ, ध, फ, भ के बजाय क, ग, च, ज, ठ, ड, त, द लिखकर प्रकरण से ही शब्द पढ़ने का अभ्यास करना चाहिये।

अब कुछ ऐसे नियम लिखे जाते हैं जिससे कि यदि मात्राऐं न भी लिखी जावें तो भी शब्द ठीक पढ़ने में आसकें:—

(१) जब कोई शब्द स्वर से प्रारम्भ हो तो आरम्भिक व्यंजन पूरा लिखो। जैसे:- आसन अमाधु असभ्य असम्बद्ध

(२) जब किसी शब्द के अन्त में मात्रा हो तो अन्तिम व्यंजन पूरा लिखो:— भरोसा प्यासा सहसा लालसा

अब यदि ऐसे शब्दों के आदि अन्त में मात्रा न भी लगाई जावे तौभी पढ़ना आसान होगा इस लिये यह मात्राऐं लगाने की आवश्यक्ता नहीं है

(३) ल और र के ऊर्ध्वगामी तथा अधोगामी रूप लिखने के विषय में जो नियम लिखे गये हैं उनसे भी विद्यार्थी बिना मात्रा के लगाये ठीक शब्द पढ़लेगा इसलिये उन नियमों का पूरी रीति पर पालन किया जावे

(४) मात्राओं को केवल स्थान-विशेष से प्रगट करने के लिये तीन स्थान नियत किये गये हैं प्रथम स्थान लकीर से कुछ ऊपर द्वितीय लकीर पर और तृतीय लकीर से कटता हुआ माना जाता है जब किसी शब्द की मुख्य मात्रा आ अथवा औ हो तो प्रथम स्थान पर लिखो:- जैसे:—

माल मौलि

(५) जब किसी शब्द की मुख्य मात्रा अ ए अथवा ओ हो तो दूसरे स्थान पर लिखो जैसे:— मल मेल मोल

(६) जब किसी शब्द की मुख्य मात्रा ई अथवा ऊ हो तो तीसरे स्थान पर लिखो। जैसे:— मील मूल

विजया विजय विजयी

(७) जब किसी शब्द में अग्रगामी तथा अधोगामी अक्षर हों तो अधो-

गामी अक्षर से स्थान प्रगट करना चाहिये। जैसे:-

दाम दम दुम

(८) निम्न लिखित दशाओं में तीसरा स्थान नहीं होता इसलिये तीसरे स्थान के स्वर दूसरे स्थान ही से प्रगट किये जाते हैं।

(क) वह शब्द जिनमें केवल अग्रगामी अक्षर हों।- शोक शुक

(ख) जिनमें केवल अर्धोक्षर अक्षर हों:- पोन पून

(ग) अर्धोक्षर व अग्रगामी अक्षर मिले हुए शब्द। जैसे:-

कपोत कपूत

(९) दुगने आकार के ऊर्ध्वगामी अर्द्धाक्षर तीनों स्थानों में लिखे जासकते हैं। जैसे:- लताड़ लूथर वासोत्तर वस्त्र विषधर

(१०) दुगने आकार के अधोगामी अर्द्धाक्षर केवल तीसरे स्थान में लिखे जासकते हैं। जैसे:- बन्दर अस्तर आसान्तर तन्त्र

(११) जो वाक्यखंड शब्द-चिन्ह के योग से बनता है उसका स्थान वही रहता है जो शब्द-चिन्ह का स्थान हो। जैसे:-

सैक्रेटरीसाहब नुकसान देनेवाली

(१२) जिन शब्दों पर प्रारम्भिक व अन्तिम मात्राऐं न लगाने से अशुद्ध पढ़ने का भ्रम हो तो यह मात्राऐं अवश्य लगाना चाहिये। जैसे:-

बाल	बली
पार	अपार
चल	अचल
चेतन	अचेतन

अभ्यास ७०

केवल आवश्यक मात्राऐं लगाओ यथा संभव स्थान-मात्रा का प्रयोग करो।

कंवल की फूल कमाल दर्जे का सुन्दर होता है कोमल इतना कि

कमली भी देखकर सकुचाती है। शब्दालंकार में कोमल एकवृत्ति-का भेद है जो मालूम होता है कि आपने पढ़ा ही नहीं अब फ़िज़ूल कलामी से काम न लेकर अक़्ल से काम लो और अपनी क़लम से दो कॉलम का लेख लिखकर अपनी कालिमा धो डालो।

अकेले कल्लू कोली ने कला की बहिन मूला को इमली के मूल की छाल छील कर दी थी जिसको उसने दवा में मिला शरीर से मला और चंगी होगई।

आपने तो एक मैले कुचैले माली से केले की कली मोल लेकर दवा बना अकोले वाले कोली को दी थी शायद उसी से उसकी अकालमृत्यु होगई।

ऐसे समय में पराक्रमी महाराणा प्रताप ने जो जो पराक्रम के काम किये वह मेवाड़ की परिक्रमा के भीतर एक २ उपत्यका में आजभी वर्त्तमान समय के से जान पड़ते हैं।

ब्रह्माक्षरों के क्रम से शब्द-चिन्हों का सूचीपत्र

	प्रथमस्थान		द्वितीयस्थान	तृतीयस्थान
			स्वरचिन्ह	
	और		कि	
	एक, तथा, अर्थात्	।	तत्व, तमाम	
⁄	का, की, के	⁄	को	
`	कुछ	`	तो, तू, तें	
`	वा	`	व	
∟	ए	∟	ओ	
⌄	आ, आया, आई	⌄	आए, आऐं	
⌒	आइये			
^	आवो, आओ	^	आऊं	

कोई	
ज्योंही	
के	कई
लिये	
क्यों	क्योंकि
एवम्	

क

क्या, किया	कह-हा-ही-हे-हो
मश्कूर	मुश्किल
कैसा, कैसे, कैसी	किस, किसे, किसी
दरख़ास्त	ख़्वास्तगार
कारखाई, कार्यवाही, उपकार	क्योंकर, कृपा
सेक्रेटरी	शुक्रगुज़ार
	स्वीकार
अक़ल, ख़िलाफ़	कल, कुल
कहां, कौन, कोण	कहीं, किन
कार्य्य	व्याख्यान
कारण	
कहांतक, किन्तु	कितना-ने-नी-
	ताकीद

ग

गया-ये-ई	लोग-लोगों
गुज़िश्ता	गोस्वामी
अगर	मगर-गुरू

अगला-ले-ई	गुल	
गुंजायश		
	गुण	
	शीघ्र	
योग्य, योग्यता	विघ्न	
गवर्मेन्ट	गवर्मेन्टी	
गति	जगत	

च

अच्छा-छे-छी-इच्छा	चाहा-हे-है-चाहिये	छोटा-टी-टे, रुचि
चार, विचार	छोड़-ड़ा-ड़ी	छोड़ो-डे-ड़ें-विचित्र
चाल-चलन	चालाक-की	पिछला-ली-ले
समालोचना, चुनांचि	वचन, निर्वाचन	चूंकि
चिन्ता-चन्दा	हरचन्द, चन्द्र	
	चित्त-उचित	

ज

आज	जो, जा, जी	अजी, जब
जैसा-से-सी	जिस-से-सी	ज्येष्ठ
जायज़	जुज़	जुज़वी
जिधर, इज़हार	मैनेजर	नजुर्बा
उजाला, जलसा	इजलास	मजलिस
जहां, जहान	जनाब	जिन-न्हें-न्हों
		एजेन्सी
एजेंट	जेन्टिलमैन	जुडीशल-ली
जाति, जुदा	जदीद	
जल्द	जल्दी	

जहांतक, जनता	जितना-नी-ने	

ट

उठ-ठा-ठी	उठो-ठे-ठें	ठीक
असिस्टेन्ट	सिस्टम	सोसायटी
ठहर-रा-री	ठहरो-रे-रें	रजिस्टर
कलक्टर	एडीटर	मजिस्ट्रेट

ड

डेप्यूटेशन	डिप्टी, पाखंडी	डिपार्टमेन्ट-टल
		डिस्ट्रिक्ट
डर	ढेर	डेढ़
डाक्टर	डाइरेक्टर	डियर
	मंडल	मंडली
	खंडल	
फ़ेडरेशन		

त

तुम-तुम्हें	चाहता-ती-तीं	समापति
अवस्था, साथ-थी	सुहबत, हैसियत	सेहत, सहित, स्तुति
तस्दीक़	तसलीम	तफ़सील
स्वतंत्रता	स्वतंत्र	
तज़करा	तजवीज़	उत्सव
तरह, उत्तर	तेरा-री-रे	तुम्हारा-री-रे
शास्त्र, शत्रुता	शत्रु	स्त्री
मुतअल्लिक़	ताल्लुक़	तिलमिली
इतना-नी-ने, स्थान	उतना-नी-ने	तीनों, समर्थन
जातीयता	जातीय	

तन्दुरुस्त	तन्दुरुस्ती	
	अत्यन्त	
	द	
देख-स्वा सी, बहुधा	देखें-ते-खें, आदि	द-दी-दो, दिया
शायद		शहादत, प्रसिद्धि
हिन्दुस्तान-दोष	हिन्दुस्तानी	दस्तूर, द्वेष, देश
बहादुर, आदर	इधर	उधर- दृष्टि
	दलील	दिल-चस्प-पी
धन्यवाद, ध्यान, दोनों	अनुमोदन, धन्य, दुनियां	निवेदन
विद्या, दशा	हृदय	
देखना-नी-नों-ने	देना-नी-नीं-ने	
शिद्दत	बर्बाद	
दयानत	दयानतदार-री	
	न	
नहीं	ने, नं, इन	उन
प्रसन्नता, मुसलमा	नुक़सान	
[illegible]	मुनासिब	
नज़दीक	मंज़ूर	
ज़िन्दगी	अनित्य	
नारायण-इन्स	निर्णय, अन्तकरण	आनरेरी
मामूल	इन्हें, इन्हों	उन्हें, उन्हों
संसार		
नाथ, इन्तहा	नित्य, नेता, ग्लानि, निहायत	अनन्त
आनन्द	नव नींद, अनन्दित	
शान्ति	संतोष	
	पसन्द	

ङ

	अङ्ग	
अंगरेज़	अंगरेज़ी	
संघटन	संग, संघ	
	मंगल	

प

आप, पाया, पाई	पाएगा, पाके, पावें	पीछे
पास, आपस	पस, पेश, मुफ़स्सिल	वापिस-सी
अफ़सोस		
प्रकाश, प्रार्थना, ऊपर परोपकार	पर, फ़र्क़, परोपकारी	फिर, प्रभु, प्रोफ़ेसर
तपस्या, उपास्य	पूज्य	तपस्वी
	फ़र्ज़	
		सुपुर्दैन्द
सिफ़ारिश		
पहिला-ली-ले	पहलू	पोलीटिकल
अपना-नी-ने	पहुंच-चा-ची, उत्पन्न	पहुंचो-चे-चें, पंच-पांच
	मरा, फ़ौरन	
पंजाब		
	फ़ंड	
प्रायः	अभिप्राय	
पंडित	पहुंचाता-ती-तीं-ते	पंचायत
फ़ायदा		
	पृथ्वी	प्रीति
प्रार्थना, प्रान्त		परन्तु

ब

बाबू, कभी	अभी	भी
सभा, सबब	साहिब-बा-बो	सुबह, असबाब
बाइस		बहस
बार	बाहर - भर	बेहतर - री
बल्कि		बिल्कुल
	बयान	भिन्न
भइया, भाइयो	भय	
स्वाभाविक	स्वभाव	
बरतानियां, बरतानवी	बढ़ना-ती-ते	
बात	बहुत, बुद्धि	
बिलइत्तफ़ाक़		
बन्दोबस्त		

म

मैं - में	हम - हमें
	समय
मुसलमान	मिस्टर
महाराज-मजबूर-री	महज़
स्वामी	स्वयम्
हमेशा	हुकुम - हाकिम
मूर्ख, मेरा-री-रे	मूर्खता-हमारा, री-रे
मालूम, मालूमात	मामूल - ली
अभिमान, मज़मून	मुमकिन, मुंह
माना, मुताबिक़, क़ूत	मतलब-मुवाफ़िक़
मदद	उम्दा

मसनवा, अमून	मर्द, मुरदा	
मुंतज़िर	मुंतख़िब	
	मुतवातिर	
	दुष्य शब्द व अक्षर	
सम्पूर्ण	संभव	
समाप्त	संबंध	
	य	
या	यह-निस्बत	यही
आर्य्य, तय्यार	तय्यारी	
आर्य्यसमाज		
यहां-यों	यहीं-योंहीं	यक़ीन-नी
यथा, यावत	यदि	
यहांतक, अन्यथा	यहींतक	
युक्त	युक्ति	
	ग़ार	
वग़ैरह	हर, अर्थ	और
अक्सर, मुख़्तसर	अकसर	सिर्फ़
स्वर्ग, ज़रिया	परमेश्वर	हाज़िर-री
ग़रज़		
व्यवहार		हरगिज़
	हृदय	
	र	
रह-हा-ही	रहो-हे-है	रहना-ना-नी-ने-रहित
रिज़ोल्यूशन	राजनीति-क	
पदार्थ		

कवाई, मार्ट	सूरत	
सुलेमान		
	गाड़	
बड़ा-ड़ी-ड़े, बड़ाई	[illegible]	[illegible]
	ल	
लाजिमह	[illegible]	
[illegible]	[illegible]	महल, मकूलन
लिहाज़-लिहाज़ा	मुलाहिज़ा	
हालांकि	लेकिन	अल्लकियां
[illegible]	लिये	
लार्ड	लेफ्टनर	लिटरेचर
हालात	अल्लबत्ता	
		वालन्टियर
	व	
अव्वल	वह, वे	वही
वैसा-सी-से	वास्ते, वास्ता	विरुद्ध, विस्मित
वज़ः	तवज्जः, सर्वत्र	मुतवज्जः
वक़्त		
	[illegible]वेशन	
वहां, विद्वान	वहीं	वरना, विना
वहांतक	वहींतक	
वृथा	वृत्ति	
	श	
इश्तिहार	शहर, शुहरत	मशहूर, शर्त
	कोशिश	कोशिश

श्रीमान्	श्रद्धेय	श्रीयुत
	श्व, श्य	
आवश्यकता	मनुष्य	
		ईश्वर
	स	
ऐसा-सी-से	इस-सी-से	उस-सी-से
सब	सा, सी, से	
	स्व	
स्वागत		स्वीकार
स्वतंत्रता	स्वाद	
मुझ-झे	तुझ-झे	
	ह (अधोगामी)	
होना, होनी	होते, होती	हुआ, हुई
	ह (ऊर्ध्वगामी)	
है	है, हो	हुए, हुईं
मुबाहिसा	ख़्वाहिश-महसूस	मुनहसिर
हैं	हों, हूं	मिहनत-ती
बहुधा	हित, सहित	
हिन्दू	हिन्द-दी	
	क्ष	
रक्षा	अध्यक्ष	
लक्षण		
	ग़ *	
आज्ञा, ग़ैर, बग़ैर	ग़ालिब-बन	

ज्ञान-नी विज्ञान

सर्वज्ञ

उपरोक्त शब्द-चिन्हों को बार२ लिखकर इतना अभ्यास करलो कि लिखते समय क़लम न रुके। शब्द-चिन्हों से दूसरे शब्द तथा वाक्य-खंड इस तरह बनाये जाते हैं:—

(१) बहु वचन के लिये शब्द-चिन्ह के नीचे न लिख देते हैं। जैसे:—

आत्माओं अंगरेज़ों

(२) वाक्य-खंड जो शब्द चिन्हों से बनते हैं उनके लिखने में पहिले शब्द-चिन्ह का स्थान हरगिज़ न बदला जाए। जैसे:—

श्रीमान् गवालियर नरेश मंज़ूर किया गया

अभ्यास ७९

निम्न लिखित अभ्यास में शब्द-चिन्ह बहुतायत से आये हैं इस अभ्यास को बार२ लिखो और क्रम से शब्द चिन्हों की संख्या बढ़ाते जाओ:—

१- आज की सभा में एक रिज़ोल्यूशन राजनैतिक विषय पर पास किया गया है। कुछ लेक्चर व तीनान राजनैतिक दशा पर हुए। गवर्मेन्ट बर्तानियां का धन्यवाद दिया गया कि उसने हिन्दुस्तान में बड़ी२ सहूलतें पैदा कर दी हैं। सभा में जनाब कलक्टर साहब और चन्द आनरेरी मजिस्ट्रेट साहिबान भी आए थे। वालन्टियरों का इन्तज़ाम बड़ा अच्छा था वह लोग बड़े आनन्द से काम करते थे उन्होंने सब का स्वागत बड़े प्रेम से किया।

२- परोपकार भी एक प्रकार का गुण है जो हर एक आदमी में नहीं पाया जाता। परोपकारी मनुष्य संसार में बड़ा पूज्य समझा जाता है तथा अन्त में ईश्वर भी उससे प्रसन्न रहता है। हमारी बरतानियां गवर्मेन्ट ने भी परोपकार करने की कई मद निकाली हैं उनमें से

एक तो यही है कि लोगों की सहूलियत के लिये छोटे २ गांव तक में डाक्टरों का इन्तज़ाम कर दिया है जिससे प्रजा बेमौत न मरे।

३- डाक्टर ट्रे साहब मेरा इलाज मुलाकात करते रहे हैं वे मुझे अच्छी तरह जानते हैं। [illegible] लोगों में जिन जिन बातों की आवश्यकता होती है वे सब श्रीमान् डाक्टर साहब में देखी गई हैं। विद्या, बुद्धि, दया [illegible] परोपकार में तो आप एक ही हैं ऐसी [illegible] अच्छी बातें [illegible] मिलती। ईश्वर से प्रार्थना है कि [illegible] दे।

४- आजकल आर्यसमाज बड़े जोरों से काम कर रही है। उसका वार्षिकोत्सव हो चुका अब एक जलसा फिर हो रहा है। लेक-चर अच्छे होते हैं। पहिला लेक्चर आज एक योग्य और बुद्धिमान् [illegible] का होना निश्चित हुआ है जो सुबह के नक़ाहार से आते हैं। आप अपना असबाब शहर से उठा लाइये। ऐसे २ व्याख्यान सुनने से आपको बहुत लाभ होगा। आजकी मजलिस में श्रीमान् [illegible] जी को सभापति चुनने का प्रस्ताव गुरुदत्त जी रक्खेंगे तथा उनके ही मित्र अनुमोदन और समर्थन करेंगे मैं तो इसके विरोध में बोलना उचित नहीं समझता। यदि सभा-पति जी ने आज्ञा दे दी [illegible] विषय पर मैं भी कुछ कहूंगा।

५- जाति [illegible] का काम [illegible] छोड़कर बड़ी दिलचस्पी और दयानतदारी से करना चाहिये। सभा का सभापति जो हो वह योग्य और अच्छे चालचलन का मनुष्य हो वरना ऐसे इजलास से कुछ फ़ायदा न होगा। महाराज तुम्हारा हृदय यदि मेरे अभिप्राय को न मान्जूर करे तो अफ़सोस है क्योंकि मैंने चार पांच बार उनके दोष स्वतन्त्रता से कह दिये हैं।

आप शायद असलियत पर पहुंचे या नहीं इसका निर्णय तो आप ही पर छोड़ता हूं परन्तु इतना तो मैं कहे देता हूं कि मेरा कहना स्वीकार करोगे तो अच्छा है नहीं तो अनर्थ होजावेगा।

६- आजकल संसार में मनुष्य-संघटन अर्थात् सोसाइटी का व्यवहार बढ़ताजाता है क्या यह स्वाभाविक नहीं है कि हम सब लोग प्रसन्नता से अपनी पंचायत का उत्सव करें और अपने अभिप्राय को स्वतंत्रता से सुनावें। जब आप सम्पूर्ण बातें लोगोंको जतादोगे तब वह अपना बन्दोबस्त कर सकेंगे। हमारी जनता का आपस का व्यवहार उचित नहीं है। उनको ज़िन्दगी का पहिला - उसूल ही अमूमन मालूम नहीं है अलबत्ता वे एक दूसरे के मुन्तज़िर अवश्य रहना चाहते हैं और इसी को अच्छा समझते हैं। हमारी पंचायत ने यह निर्णय किया है कि सभा का एक डेपूटेशन श्रीमान् कलेक्टर साहिब बहादुर की सेवा में हाज़िर हो और उनसे सभा के जलसे के लिये मदद मांगे।

७- श्री युत नारायण गोस्वामी गवर्नमेन्ट के बनाये हुवे आनरेरी - मजिस्ट्रेट हैं। इनका इन्साफ़ मशहूर है उनकी अभिलाषा यही रहती है कि जहां तक होसके सच्ची शहादत पेश हो आपके - विचार अच्छे हैं और मिज़ाज में बड़ी सहूलियत है। ऐसे अच्छे और योग्य हाकिम होते हुए भी आप अभिमान बिल्कुल नहीं करते हैं आपका निर्णय किया हुआ मुक़द्दमा ठीक ही होता है। आप में दया स्वाभाविक है हिन्दुस्तान में आपका बड़ा आदर है आप हमेशा प्रसन्न रहते हैं आपकी तन्दुरुस्ती भी अच्छी है

८- कल आर्यसमाज में स्वामी जी ने अपने लेकच्चर में कहा - भाइयो ध्यान देकर सुनो यहां आने का कुछ तो फ़ायदा उठा - कर जाओ पिछले उत्सव में मैं ने जो जो बातें आपको बतलाई थीं

उन्हीं को फिर कहता हूं आप लोगों ने उन बातों पर अभी तक थोड़ा भी विचार नहीं किया। मुझे बड़ी चिन्ता है। और यदि आपकी यही दशा रही तो जातीयता का कितना विनाश हो जायगा तुम्हारे बुद्धि है समझ है फिर भी अपने विचारों को नहीं सुधारते हो मैंने तजर्बा करके देख लिया है कि सुस्ती मनुष्य का विनाश कर देती है। सुस्ती छोड़ो अपना चाल चलन अच्छा करो और ईश्वर का नित्य ध्यान करते हुए आनन्द से रहो। अपनी दशा सुधारो और अपने भाइयों को अपनाओ।

संक्षिप्त-रेखाक्षर-प्रयोग

विद्यार्थी को उचित है कि यथा संभव छोटी, जल्दी बनने वाली, एवम् स्पष्ट पढ़ने में आने वाली रेखाक्षर आकृतियों को ग्रहण करे जहां रेखाक्षर लेख लम्बा अथवा बेढंगा बनता हो वहां किसी अनावश्यक अक्षर को निकालकर सुन्दर आकृति बनाले और बार २ लिखकर याद करले जिस से उस शब्द के लिखने और पढ़ने में कठिनाई न हो जैसे स्पष्टतया लिखने में ट उड़ा देने से आकृति सुन्दर बन जाती है तो ट उड़ाकर ⟨ लिखकर स्पष्टतया पढ़ना चाहिये और अपनी कापी पर ऐसी संक्षिप्त आकृतियों की एक सूची लिखकर अच्छी तरह से अभ्यास कर लेना चाहिये-ऐसी छुटी आकृतियों को संक्षिप्त रेखाक्षर कहते हैं। साधारणतः मध्यवर्ती त, ट, ह व अनुस्वार, उड़ाये जाते हैं।

रेखाक्षर लेख में भाषा के के चिन्ह को संस्कृत में अम् ध्वनि के लिये व्यवहार करते हैं। जैसे: -

रामको ⌒ भयको ⌒
रामं ⌒ भयं ⌒

था, थी, थे लिखने के लिये शब्द के आगे एक बिन्दु लगा देते हैं

फिर हिन्दी में लिखते समय प्रकरण से ठीक शब्द का अनुमान कर लेते हैं जैसे घोड़े जाते थे आदमी जा रहा था

हिन्दी भाषा में जो शब्द केवल मुहाविरे से बोले जाते हैं उनके लिये कंठ-प्रयोग का व्यवहार किया जा सकता है जैसे लंबे चौड़े, तूलतवील, सचमुच, गड़बड़सड़बड़ ऐसे शब्दों के लिखने में मुख्य शब्द को लिखकर दूसरे के प्रथम अक्षर से काट देना चाहिये

जैसे लम्बे चौड़े तूलतवील सचमुच

गड़बड़ सड़बड़ ज़मीन और आसमान

लड़ने झगड़ने लोकल कमेटी

इन्डियन नेशनल कांग्रेस लेजिसलेटिव कौन्सिल

लोकल गवर्नमेन्ट म्युनिसिपल डिपार्टमेन्ट

रेखाक्षर लिपि में शब्दों की मिलावट के लिये विद्यार्थी को अपनी स्मरण शक्ति के अनुसार मिलाते जाना चाहिये यदि अधिक शब्द मिल जाने के कारण पढ़ने में दिक़्क़त हो तो थोड़े शब्द मिलाना चाहिये साधारण शब्दों के मिलाने में दिक़्क़त न होगी शब्द चिन्हों के साथ छोटे २ चिन्ह इस प्रकार मिलाये जाते हैं:—

अपने को	इसका-की-के	उनने
आपको	इसमें	उससे
अपने से	इनने	उन्होंने
आपसे	इन्होंने	उनको
अपने में	इनसे	किसीने
आपमें	इनका-की-के	किसीको
इसमें	इनमें	जितना२
इसको	उसने	जैसा२
इससे	उसको	वैसा२

किसी२	उनसे	आपसमें
छोटी२	तुमसे	मुझमें
कोई२	आपसे	तुझमें
कुछ२	मुझसे	दरहालमें
ऐसे२	तुझसे	इनकेसाथ
एक२	जिससे	अपनेसाथ
दो२	कोशिशसे	आपकेसाथहै
थोड़ा२	बयानसे	केसाथ
कहांको	जहांसे	इससेपहिले
यहांको	जिनसे	इसीतरहसे
कहांसे	सबकुछ	किसीतरहसे
वहांसे	सबको	किसतरहसे
यहांपर	सबकेलिये	हरतरहसे
जहांपर	सबकेसब	अच्छीतरहसे
कहांका	सबने	उसतरफ़से
जहांका	सबमें	इससबबसे
हमको	सबपर	केसबबसे
मुझको	सबपरसे	उसकासबब
तुझको	सबतरह	इसवास्ते
इसलिये	सबकेसाथ	किसवास्ते
इसलियेकि	सबसेज़ियादा	इसकेसिवाय
उसकेलिये	सबसेअव्वल	सिवायइसकेकि
उनकेलिये	सबसेबड़ा	अलावःइसके
अपनेलिये	इसमें	इससेबेहतर
हमसे	उनमें	हमसबलोग

मुझपर   तुझपर   जिसपर

साधारणतः मिलाते हुए शब्द लिखने की रीति तथा अक्षरों की छांट अथवा किसी चिन्ह विशेष से ही किसी शब्द को सूचित करने की-रीति निम्न लिखित उदाहरणों से समझ में आजायगी सिद्धान्त यह है कि छोटी आकृति लिखकर ही किसी शब्द को तुरन्त पढ़लेना। विद्यार्थी को उचित है कि आवश्यक वाक्य खंडों एवम् कठिन श-ब्दों के संक्षिप्त रूप स्वयं बनाकर याद करले। द्विगुण अक्षरों के लिये एक ही अक्षर लिखना काफ़ी है। जैसे:- अभ्यासी

लौकिककर्म   सम्मेलन   सत्ययुग

जो वाक्य खंड शब्द चिन्हों के योग से बनते हैं उनमें शब्द-चिन्ह का स्थान नहीं बदला जासकता। जैसे:- जैसाकातैसा

दोनोंकेदोनों	पांचोंकेपांचों	हरएक
एकसा	एकदूसरीबात	एकदूसरेसे
सबप्रकार	बहुतअच्छा	क्याबातहै
सबकुछ	हुआसोहुआ	अपनेअन्दर
सबकोई	कोईनकोई	हरघड़ी
बहुतकुछ	कुछकाकुछ	दोचार
कईएक	जोकोई	पहिलेपहल
बहुतसारा	जोकुछ	अपनेआपको
थोड़ाबहुत	जोकि	आपअपने
जहांतहां	कौनजाने	अपनेसेबड़े
जहांकहीं	क्या२	आपहीआप
कलपरसों	कभी२	आपखुद
एकसाथ	क्यासेक्या	आपसेआप
दोबार	वहएक	बड़ाआनन्द

इसमें शक नहीं है	जहां तहां
इसमें तो शक नहीं है कि	हिन्दू[illegible]
अच्छी प्रकार से	हिन्दू[illegible]
यह नहीं है	हिन्दु[illegible]
आप समझ सकते हैं	हल्व[illegible]
यह नहीं कर सकता हूं	हिसाब किताब
होता हुआ भी	[illegible]
विद्याध्ययन	पूछना ताछना
धन्य २	होना हवाना
बड़ा सुन्दर	पढ़ना लिखना
उसके पास	पढ़ाना लिखाना
मुझे उम्मेद है	करना धरना
इससे बड़ी वजह	समझना बूझना
इससे बड़ा सबूत	कानाफूसी
जिस वक्त तक	अनबन
प्रसन्नता पूर्वक	अनभल
पंडितों में से	लाल पीला
बहुत ही अच्छा	भला बुरा
बहुत अच्छा साहिब	बारी २ से
देखो भालो	कब कब
आप कर सके हैं	ज्यों का त्यों
एक एक करके	जहां का तहां
बहुत करके	जैसे तैसे
यथा तथा	ज्यों त्यों करके
यथासंभव	नामोनिशान

आबोहवा	नलाकर
ऊंचनीच	राखकाढ़ेर
खद्दामिश्र	आपलोगोंसे
गोबरगनेश	जिसकेज़रियेसे
चन्द्रमुख	कसरतरायसे
जानकुर्बान	होनेकीसूरतमें
अंकारहित	होनेकीहैसियतसे
नागरीप्रचारिणीसभा	कोशिशोंकेलिए
राष्ट्रहिन्दी	किसीनकिसीवजहसे
राष्ट्रहिन्दी	बिलालिहाज़
राष्ट्रहिन्दगान	नालायक़
मेरेप्यारेभाइयोंऔरबहिनो	नामुनासिब
ईस्टइन्डियनरेलवे	क़ाबिलएतराज़
ईस्टइन्डियनरेलवेकम्पनी	जिसपरभी
[illegible]	साथसाथ
हाथबांध	साथहीसाथ
बताना चाहता हूं	पैसेंजर
उत्मायहिन्द	फ़ोटोग्राफ़र
कामकीवजहसे	जबकभी
कामोंकीवजहसे	जोकुछ
जोइन्होंने	जहांकहींभी
जिन्होंने	सैक्रेटरीआफ़स्टेट
वायसरायहिन्द	मैंउम्मीदकरताहूं
बज़रायहिन्द	मैंयक़ीनकरताहूं
हैदरा[illegible]	इसमेंशुभानहीं

इसमें सन्देह नहीं है	पराया माल
एक दूसरे के साथ	बीसों आदमी
दिलोजान से	पचासों घर
शको शुभा	सैकड़ों रुपये
पशोपेश	हज़ारों बरस
कभी न कभी	करोड़ों पंडित
पेशबन्दी	ज़रा सी बात
मुक़ाम पर	रात तक
की वजह से	बीचों बीच
मुंह दर मुंह	हाथों हाथ
नहीं रह सकता है	आम तौर पर
नहीं रखता है	रात दिन
मेरी राय में	सांझ सबेरे
हमारी राय में	घर बाहर
मेरे ख़याल में	देश विदेश
हमारे ख़याल में	कब तक
कोशिश करता हूं	जब कभी
दोष ही दोष	तले ऊपर
दूर तक (१)	एक बार
दूर तक (२)	प्रतिदिन
※ मिसाल के तौर पर	वाद विवाद
जिस तरह से	बोल चाल
ठीक तरह से	लिखा पढ़ी
निज देश	भिन्न २ प्रकार के
निज भाषा	प्रगट करते हैं

※ तौर और तरह के लिये द्विगुण प्रयोग का व्यवहार करना चाहिये।

परस्परसम्बन्ध	विष्णुजीकेपास
घरकाघर	नम्रतापूर्वक
सच बोलकर	त्यागनेलगे
दूरसेआया	शिवमस्तु
भीतरबाहरएक	सबसेपहिले
हांमेंहांमिला	देशोपकारकेवास्ते
हायहायमची	बतादियागयाहैकि
वाहवाहहुई	सबसेश्रेष्ठ
जोहुजूरकीरायसोमेरीराय	परमसावधानीकेसाथ
वाहवाह	चिन्तन नहीं करताहै
धन्यधन्य	तत्कालही
रामरामरामराम	शरद्चन्द्र
हाराम	अर्धवामांङ्गी
बारम्बार	यज्ञानुसंधान
लेजाताहै	गद्गद्वाणीसे
सुदर्शनचक्र	सारीकीसारीआशा दुराशाहोजायगी
शत्रुनाश- शी	
सन्यास-सी	श्रीस्वामीजीमहाराज
वोयहहै	सूक्ष्मसेसूक्ष्म
बाहरजाकर	दूसरेकेवास्ते
जैशिव ओंकारा	दूसरोंकेवास्ते
साक्षात्परमात्मा	ऋषिमुनि
छूतछात	शास्त्रोंकेअन्दर
गरमागरम	लान थायोलेन्स
दशोंदिशाओं	वोटपासकियागया

पूरे तौरके पर	भूकके मारे मरगये
संभाषण	श्यामसुन्दर
नित्यप्रति	प्राणप्रिय
तथास्तु	घनश्याम
सूर्यवंश	भवसागर
दयासागर	भक्तिमार्ग
द्रव्य	पुरुषरत्न
अकालमृत्यु	पतझड़
सर्वव्यापी	बारहसिंगा
परब्रह्म स्वरूप	दुधमुहां
मिलजुलकर	मिठबोला
मनमौजी	रुपयापैसा
यथाक्रम	दालरोटी
बेफ़ाइदा	हाथपांव
मुख्यकरके	भूलचूक
विशेषकरके	नाककान
बहुतायतसे	भाईबहिन
सेंतमेंत	डेलीगेट भाइयों
कदाचित	और बहिनो।
तबफिर	बेटाबेटी
कबका	गायबैल
कहींकाकहीं	नरकी तनज्जुली
बातहीबातमें	धर्माधर्म
आतेहीआते	पापपुण्य
जानोमाल	समझनेसे पहिले

अपनी दानिस्तमें		साधु समाज	
हमदर्दी से		हनूमान	
इस मौक़े पर		सीताराम	
किसी न किसी दिन		राधेकृष्ण	
जान बूझकर		जैशिवशंकर	
सिर से पैर तक		जैशंकरजी की	
इससे बढ़कर		जैजमुनाजी की	
अपनी राय से		शान्तिः शान्तिः शान्तिः	

अभ्यास ७२

आधुनिक सभ्यता बड़ी गौरव शालिनी दिखाई देती है। वह अनेक विस्मयजनक आविष्कारों का घर है। धूमयंत्र ने दूरी को दूर कर दिया अगाध समुद्रों के जल-तल पर भ्रमण करते हुए बहु वेग-गामी स्टीमरों ने भूमण्डल के पृथक २ भागों को एक में मिलासा दिया है। व्योमयान, जो वायु-मण्डल की तरङ्गों को उत्तीर्ण करते हुए आकाश में प्रवेश करते हैं अपना अलग ही चमत्कार दिखा रहे हैं। ये जल, स्थल और आकाश गामी यंत्र यद्यपि बड़े विस्मयजनक, आशुगामी और देशकाल विध्वंसक हैं, तथापि विद्युद्विद्या सम्बन्धी आविष्कारों के सामने कुछ भी नहीं हैं। इसका महत्व तो बहुत ही अद्भुत है। तार की ख़बर बात की बात में भूमण्डल के देशों के आरपार जा पहुंचती है। हिन्दुस्तान के बड़े २ कार्य्यालय विलायत से नित्य ख़बर पाकर अपना कार्य चलाते हैं। आधुनिक विज्ञान शास्त्र ने बिजली को आकाश लोक से छीनकर मनुष्य की सेवा में नियुक्त कर दिया है। बिजली से ही हमारी मशीनें चलती हैं, बिजली से ही हमारी तार की ख़बर जाती है, बिजली से ही हमारे कारख़ानों का काम होता है और बिजली से ही हमारे नगरों में प्रकाश होता है। बिजली के सामने सूर्य्य का प्रकाश भी लज्जित सा हो जाता है। विज्ञान शास्त्र ने पंच तत्वों को अपने मंत्रों से

वशीभूत करके प्रयोगशाला में धर दिया है। और उनके सब रहस्यों को मालूम कर लिया है।

२- वस फेर क्या था। पानीपत और कुरुक्षेत्र की भूमि पुनः एक बार वीरघोष की प्रति-ध्वनि से पवित्र हो गई भारत की चतुःसीमा खड्गों की खड़खड़ाहट से गूंज उठी। घोड़ों के [illegible] और [illegible] की भीषण गर्जना दुर्गम बनों और गिरि कन्दराओं को कँपाती हुई अत्याचार की भेरी बजाने लगी स्थान २ पर योगिनियां हाथ में खप्पर लिये छिन्नमस्ता के सम्मुख नृत्य करने लगीं उस समय कटकट शब्द कर बिकट अट्टहास करनेवाले भैरव ने भूत बैतालों सहित अपने प्रिय भक्त दुर्गादास और शिवराज के मस्तक पर हाथ फेर विजय का बरदान दिया।

३- अंगरेज़ी राज्य होने से पहले हिन्दुस्तान की बड़ी दुर्दशा थी सैकड़ों राजा और नवाब उसके अनेक भागों में स्वाधीन रीति से राज्य करते थे और आपस में विद्रोह के कारण सदा लड़ाभिड़ा करते थे जिसका फल यह हुआ करता था कि प्रजा के प्राण और धन की रक्षा न थी और देश में चारों ओर उपद्रव मचा रहता था मुसलमान हाकिम अपनी हिन्दू प्रजा पर और हिन्दू राजा अपनी मुसलमान प्रजा पर मत के विरोध से अत्याचार करते थे रास्तों में लूट मार इतनी होती थी कि यात्रियों के प्राण की रक्षा कठिन थी और बचाव न होने के कारण व्योपार भी बन्द था। अंगरेज़ी राज्य से प्रजा को अनेक लाभ पहुंचे हैं सब से बड़ा लाभ शिक्षा का हिन्दुस्तानियों को इस राज्य में पहुंचा है सरकार ने जो २ उपाय उनकी उन्नति के लिये किये हैं और जो २ लाभ उनसे पहुंचे हैं और पहुंच रहे हैं उन उपकारों से उऋण होना असम्भव है॥

SENATE HOUSE.

Allahabad, 14th August, 1925.

I have looked over Pt. Radhe Lal Trivedi's Hindi Shorthand. Not being an expert in shorthand myself, I am not competent to judge of the soundness or otherwise of this system. But so much one feels sure in asserting that the work is an attempt in the right direction and if it is, as I am assured, on the lines of Pitman, I am sure it will prove a success. I hope the public man interested in Hindi will give the system a trial.

(Sd.) GANGANATH JHA,
VICE CHANCELLOR,
University of Allahabad.

THE UNIVERSITY OF ALLAHABAD

Dated 3rd October, 1925

I have gone through Pt. Radhe Lal's book on Hindi Shorthand. The book seems to me a move in the right direction and as such it deserves all encouragement at the hands of those who want to see progress in the Hindi language. Though the author has attempted to follow Pitman's method, he has not hesitated to introduce changes and improvements where these have been found necessary by the special circumstances of the Hindi language. This book, in my opinion, should be kept in the libraries of all schools and colleges especially those connected with the teaching of Commerce. The author also deserves every support from the State for his laudable attempt.

(Sd.) M. K. GHOSH,
READER IN COMMERCE,
University of Allahabad

ECONOMICS DEPARTMENT.

UNIVERSITY OF ALLAHABAD

Dated 27th September, 1925.

Dear Mr. Radhe Lal,

I have gone through your admirable book on Hindi Shorthand. Your system of elucidating the various signs and the method of memorising them can be easily grasped by the students of ordinary intelligence. You have done well in the selection of your Circles, hooks and the grammalogues. The system could in my opinion be easily extended to other Indian Vernaculars and I would like to see translations of your manual in Urdu, Bengali

Marathi and Guzrati also as it will provide an easy system of Shorthand much wanted in these languages I appreciate your simple exposition of this intricate subject and regard it an easier study than even the English system.

I congratulate you on your success and wish your system a wide welcome amongst the educated men and women of this country.

Yours sincerely,
(Sd) R. C CHOWDHRI, M. Sc.,
LECTURER IN COMMERCE,
University of Allahabad.

No. 48/62(a) BAREILLY COLLEGE,
Bareilly, Dated 24th August, 1925.

Radhe Lal Trivedi, Esq.,
389, Colonelganj, Allahabad,
P O Katra.

Dear Sir,

I have to thank you for the presentation copy of your *Hindi Shorthand Manual* and I have pleasure in enclosing the report of our Senior Lecturer in Commerce, Mr Dina Nath Handa, B. Com., upon the book.

Yours faithfully,
(Sd.) F. J FIELDON,
PRINCIPAL.

Enclo. one.

Report.

The book is a good attempt to adopt the Pitman's Shorthand System to Hindi language. Certain characters and devices have very advantageously been adopted for peculiar sounds occurring in Hindi only The devices for representing aspirate and frequently occurring Hindi termination, (*wat*) are really very simple and provide easy and natural outlines for a large number of important Hindi words

The first few pages of the book could quite safely be omitted without materially affecting in any way the real subject of the book They may rather prove confusing for a beginner who is not quite familiar with the difficult problems of Hindu Philosophy.

With a better printing and better general get up the book deserves a warm reception by those who wish to follow the Pitman's system for taking notes of Hindi speeches and other matter

(Sd.) D. N. HANDA.

THE UNIVERSITY OF ALLAHABAD

Dated 30th July, 1925,

Dear Mr Trivedi,

I went through your admirable book on Hindi Shorthand The system followed by you appears to be a sound one and as it has been adopted from the standard English system of Pitman, its practical utility may be taken as guaranteed.

I am very glad to find that you thought it fit to benefit your own language by the experience gained by you in your professional duties as an Urdu Shorthand writer, which fact makes your contribution still more reliable I trust that the Hindi public press and institutions would welcome your book which should prove of very great benefit to them

I would have preferred to drop the introduction which is rather out of place in a scientific treatise like this. The title of the book could perhaps be made more accurate.

Thanking you once more for the copy of the book so kindly presented I am,

Yours sincerely,

(Sd) DHIRENDRA VARMA,

LECTURER IN HINDI.

PARTABGARH (OUDH.)

Dated 10th June, 1925

Dear Radhe Lal,

I was very pleased to receive your letter of 28th May, and the Sri Brahmakshar Prakash It was so kind of you to think of sending me the book. I congratulate you on your authorship I am sure the book will prove very useful in the advancement of Hindi knowledge and will supply a long felt want

I trust you are prospering

Yours truly,

(Sd.) CHAKRA DHAR JAYAL, (B A., R.B)

(OFFICIATING SUPDT OF POLICE,

now Home Member Tehri State)

ORIENTAL DEPARTMENT.

Hindi Shorthand Manual by Pandit Radhey Lal Trivedi, is a laudable attempt to introduce a very useful system concerning Hindi language Only the expert would be able to judge the technical merits of treatise like this but to every body dealing with Hindi language and literature it would be very useful. Pandit Tirvedi's system deserves a fair trial in our commercial schools and other institutions This should be one of the nation-building-works, for the introduction of which Pandit Trivedi deserves all credit.

(Sd) P K. ACHARYA, I E S ,
HEAD OF THE ORIENTAL DEPARTMENT,
Allahabad : Allahabad University

Dated 21st August, 1925.

SANSKRIT DEPARTMENT.

UNIVERSITY OF ALLAHABAD,
Dated 30th July, 1925.

Dear Sir,

I am obliged to you for a copy of your 'Shri Brahmakshar Prakash' or the Hindi Shorthand Manual I have looked through the book cursorily and my impression is that any person endowed with an ordinary memory and intelligence can learn Hindi Shorthand with the help of your book. You have done well in adopting the standard signs of Pitman's since our shorthand reporters of English also may thereby learn the Hindi system with considerable ease. You have surely rendered a great service to the Hindi knowing public which I trust will fully appreciate your endeavour.

Yours truly,
(Sd.) B R. SAKSENA,
LECTURER IN SANSKRIT.

To
Pt. Radhe Lal Trivedi,
Shorthand Reporter,
U. P Police Service.

From
The Editor,
Jaina Hostel Magazine

ALLAHABAD.
August 29th, 1925.

Dear Mr. Radhe Lal,

As an old student of shorthand I have read your book Shri Brahmakshar Prakash with great interest I look upon it as the first successful attempt to introduce a complete system of Hindi shorthand on such simple lines and it is a matter for congratulation that you have been able to follow the Pitman method so widely recognised in English. I have no doubt that students of English shorthand will find it so easy to learn the art in Hindi and it will also be helpful to them in their practice of shorthand in English. Your adoption of the various special characters, the circles, hooks and the various other devices are well suited to the special requirements of Hindi. I trust that a Student of your system will not only write Hindi with speed and accuracy but will after some effort

CPSIA information can be obtained
at www.ICGtesting.com
Printed in the USA
LVOW05s0331011017
550696LV00006B/933/P